Wolfram von Eschenbach

herausgegeben

von

Albert Leitzmann.

Drittes heft:
Parzival buch XII bis XVI.

———————

Halle a. S.
Max Niemeyer.
1903.

Vorwort.

Beim abschluss des vorliegenden dritten heftes, zugleich der grösseren hälfte der gesammten ausgabe, habe ich wiederum der freundlich gewährten unterstützung und mitarbeit Hermann Pauls und Gustav Rosenhagens dankbar zu gedenken. Die allseitige freundliche aufnahme, die meine arbeit, wie mir eine grosse zahl von zuschriften beweist, bei den fachgenossen gefunden hat, giebt mir den vereinzelten vertretern eines starren lachmannianismus gegenüber, der wahrlich nicht im sinne des von mir nicht minder hoch verehrten meisters ist, die frohe zuversicht auf dem richtigen wege zu sein. Dass auch mein text vielfach verbesserungsbedürftig ist, weiss ich selber am besten und wird dem nicht verwunderlich sein, der an sich selbst erprobt hat, wie schwer es hält, einem seit so langer zeit als kanon angesehenen werke gegenüber sich immer den unbestochenen, vorurteilsfreien blick zu wahren.

Jena, 1. august 1903.

Albert Leitzmann.

Zur kritik des textes.

Über die einrichtung dieses variantenverzeichnisses
vgl. meine vorbemerkungen im ersten heft s. V.

Parzival.

XII.

583, 13 *kolon* = 16 *punkt*   **584**, 22 *punkt* = 24 *punkt*
23 sus *D* = alsus   **585**, 15 *punkt* = 16 *punkt*   19 enkeiner
D = enkein   **586**, 23 dem künege *D* = roys   **588**, 13
harnas var = harnaschvar   16 = *ohne klammern*   30 dem
dâ (dem *Ggg*, dâ *D*) = dem   **589**, 11 *punkt* = 12 *punkt*
24 *punkt* = 23 *punkt* (*Paul Beitr.* 2, 92)   **590**, 9 alumme *D*
= umb

591, 4 alle = [alle]   24 liehten süezen *D* = lichten
592, 3 *punkt* = 4 *punkt*   22 = *ohne kolon*   **593**, 27 *kolon*
= 26 *punkt*   30 *komma* = 594, 1 *komma nach* Lôgroys
595, 19 mit *D* = bî   **596**, 1 *punkt* = 3 *punkt*   7 ander-
halben *D* = anderhalp   14 alsô *Dg* = sô   **598**, 6 *punkt*
= 9 *punkt*   **600**, 13 Orgelûsen *alle* = Orgelûse   23 *kolon*
nach tât = *kolon nach* wern   26 sô *D* = alsô

601, 4 dâhte *D* = gedâhte   **602**, 2 *komma* = *kolon*
4 ellenthaftez *Dddg* = ellenthafte   5 zorse tuon *G* = zorse
23 den *dd* (*berliner fragment*; dem *D*) = des   **603**, 17
punkt nach genas = *punkt nach* sich (*Bartsch*)   **604**, 8 des
D = sîns   23 iu doch *d* (doch *Dg*, iu *G*) = doch (*Paul
Beitr.* 2, 93)   **605**, 23 sus sprach *D* = sprach   **606**, 10
dienstes *d* = diens   11 engein *D* = gein   22 *kolon* = 24
punkt nach hêrre   24 herre worden *D* = worden hêrre
24. 25 = *ohne klammern mit kolon*   25 prîs *D* = den prîs
27 *punkt* = 28 *punkt*   **607**, 1 si engetwüngen *D* = die ge-

twungen   5 getrûwe *Dd* = trûwe   9 *punkt* = 6 *punkt*
18 grœzer *D* = dan grœzer   **608**, 3 dienest *alle ausser D*
= diens   10 ist iu *D* = ist   **610**, 6 ist uns *D* = uns ist.

 611, 5 alsô *Dd* = als   18 ein *D* = daz   28 solhiu
D = sölich   **612**, 30 Zidegaste *D* = Cidegast   **615**, 2 nû
tuot *D* = tuot   7 dienstes *alle ausser D* = diens   10 *punkt*
= 11 *punkt*   **616**, 10 *fragezeichen* = *punkt*   **617**, 1 daz *D*
= daz er   22 mîn *alle ausser g* = minne (*Paul Beitr.* 2, 94)
24 = *ohne klammern* (*Paul ebenda*)   **618**, 2 erloupte D =
reloubet   20 dienest *alle ausser D* = diens   27 *punkt*
= 26 *punkt*   **619**, 16 = *ohne klammern mit komma* (*Paul
Beitr.* 2, 94)   24 niht verlorn *Gg* (verlorn *D*) = unverlorn

 621, 6 si koment *D* = koment si   8 darf *D* = endarf
27 hœre *D* = hôrt   **622**, 8 gebrâtene *D* = gebrâten   13 dise
D = die   **623**, 20 *punkt* = 22 *punkt*   **624**, 3 *punkt* =
4 *kolon*   **625**, 5 *punkt* = 6 *punkt*   12 Gâwân *D* = er
28 im *D* = in   **626**, 6 gevromen *alle ausser dg* = frumn
8 sîne *D* = sînes

XIII.

 627, 9 unz *D* = unz daz   20. 23 palase *D* = palas
28 phlûmîten *D* = plumîten   **628**, 29 sande im *D* = im sant
629, 13 im *D* = in   14 kostenlîch *D* = kostlîch   **630**, 28
vrou *D* = frouwe

 631, 7 der *alle ausser G* = die (*Paul Beitr.* 2, 65)   13 =
punkt   24 vuogen *D* = fuoge   **632**, 14 dienest *alle ausser
Dg* = diens   27 der künec *Dg* = roys (*Bock, Krit. bem.
z. metr. Wolfr. s.* 63)   **635**, 27 *punkt* = 26 *punkt*   **637**, 8 den
diende *Dd* (*Pfeiffer, Quellenmat. zu altd. dicht.* 2, 10) = diende
17 *punkt* = 19 *punkt*   27 Gâwâne *Dd* (*Pfeiffer, Quellenmat.*
2, 10) = Gâwân   **638**, 19. 20 = *ohne eckige klammern* (*fehlen
Dd* (*Pfeiffer, Quellenmat.* 2, 10))   **639**, 5 = *komma*   6 =
punkt   21 muoste *Dd* (*Pfeiffer, Quellenmat.* 2, 10) = mohte
28 und die *DGd* (*Pfeiffer, Quellenmat.* 2, 10) g = und   **640**, 9
und sîn *Dd* (*Pfeiffer, Quellenmat.* 2, 10) = sîn   19 = *komma*
23 gar bin *Dd* (*Pfeiffer, Quellenmat.* 2, 11) = bin

 641, 1 dar nâch *alle* (dar *D*) = gar (*Paul Beitr.* 2, 95)
11 = *komma nach* warp (*Paul ebenda*)   **642**, 6 Gâwânen *Ddd*

(*Pfeiffer, Quellenmat.* 2, 11) *g* = Gâwân   8 kemenâten *alle* = kemenâte   ersach *Dd* (*Pfeiffer, Quellenmat.* 2, 11) = sach   10 iu *Dd* (*Pfeiffer, Quellenmat.* 2, 11) = iuch   **643**, 3 daz *Dd* (*Pfeiffer, Quellenmat.* 2, 11) = waz   8 des *Dd* (*Pfeiffer, Quellenmat.* 2, 11) = dez   12 ungewert (unrewert *D*) = unrenert   15 alle *DFGd* (*Pfeiffer, Quellenmat.* 2, 11) = al   **644**, 18 vrouwen liehter *Dd* (*Pfeiffer, Quellenmat.* 2, 12) = liehten frouwen   19 der werden *alle ausser DGd* (*Pfeiffer, Quellenmat.* 2, 12) = der   29 *punkt* = 645, 1 *punkt*   **645**, 11 dienstlîche *D* = dienstlîch   18 vreischet er *alle* (vreischet *D*) = vreischer (*Paul Beitr.* 2,95)   20 ichs iu *D* = i'us   **646**, 5. 6 Barbigôl: Plimizôl = Barbigœl: Plimizœl   16 Plimizôl *G* = Plimizœl   **647**, 2 ob dîn *alle* = dîn   6 ûz einem *alle* = ûzem (*Bock, Krit. bem. s.* 61)   8 gebiten *D* = erbiten   11 *fragezeichen* = 12 *fragezeichen*   25 sage iu *alle ausser g* = sage   **648**, 1 *punkt* = 647, 30 *punkt*   **649**, 6 Artûse *D* = Artûs   13 mîner *D* = mînen   **650**, 1 mîn herre *Ddg* = sîn herze   4 dienstes *alle ausser D* = diens   27 und *D* = und sîn

   651, 5 = *ohne komma*   **652**, 3 aldâ *D* = dâ   11 *punkt* = 12 *punkt*   **653**, 9 iuch *Ddg* = in   **654**, 25. 26 = *ohne eckige klammern (fehlen Ddg)*   25 sorgen *alle* = sorge   **655**, 12 onwî *D* = ôwê   16 verswigen *alle ausser D* = verswîget   **656**, 20 prîse *Dg* = prîs   26 Gîbert *D* = Ibert   **657**, 8 kapûne *D* = kapûn   **658**, 4 manne *Ddgg* = man   5 *punkt* = 6 *punkt*   18 ehte = aht   21 rîcheite *D* = rîcheit   **659**, 16 ûfe *D* = ûf   17 diz *D* = daz   27 enkome *D* = kum   **660**, 5 drûfe *Ddgg* = drûf   30 niemen *alle ausser D* = nie

   662, 17 den *alle ausser Gg* = des   = *komma nach* marschalc   26 dem *D* = den   **663**, 3 zelt *D* = gezelt   22 alde *alle ausser D* = alt   24 anderhalben *Ggg* (der halbn *D*) = derhalben   26 dem lande *alle* (lande *D*) = lant   **664**, 24 kômens *D* = kômn   28 strîte *DG* = strît   **665**, 1. 2 Barbigôl: Îdôl = Barbigœl: Idœl   15 des = dês   19 *punkt* = 20 *punkt*   **666**, 21 bereite = bereit   **667**, 15 wol *D* = dâ   **668**, 3 und ouch *D* = und   **670**, 5 *ausrufungszeichen* = 4 *ausrufungszeichen*   14 und dort *D* = dort   16 dienstes *alle ausser D* = diens   25 von *D* = und von   29 gezelte *Dd* (*Zeitschr. f. d. phil.* 10, 208) = poulûn

671, 21 = *ohne komma nach* Artûs = *punkt nach* kastelân 23 beneben *Ddd* = neben **672**, 14 = *punkt* **674**, 1 *punkt* = 673, 30 *punkt* 18 ze *D* = zir 21 ie *Dd* = nie **675**, 5 Plimizôl *Gd* = Plimizœl **676**, 15 *punkt* = 17 *kolon nach* lâgen **677**, 21 zuo zin *D* = zin **678**, 19 *punkt* = 21 *punkt*

XIV.

679, 3 engevorhte *DGg* = gevorht 4 prîse *D* = strîte 11 sîn *D* = sîns (*Bock, Krit. bem. s.* 57 *anm.*) 12 âventiuren *D* = âventiure 15 boume *DFG* = boum 25 *kolon* = 26 *kolon* **680**, 14 herzenlîcher *Dd* (*Zeitschr. f. d. phil.* 10, 209) = hazlîcher

681, 6 plân *DFd* (*Zeitschr. f. d. phil.* 10, 210) *g* = plâne = *punkt* 13 und ouch *D* = und 16 mîlen *Dd* = mîle 23. 24 baniere: schiere *alle* = banier: schier 29 = *punkt* **682**, 12 ieslîchiu *D* = der ieslîchiu 20 = *punkt* 26 besundert *D* = ûz gesundert **683**, 13 dicke ein *alle ausser D* = ein dicke 16 und ouch *D* = und 17 îserîne *D* = îsrîn **684**, 10 alle *DFG* = al 13 Gâwânen *D* = Gâwân **685**, 2 und ouch *D* = und 5 wider einen *D* = gegen einem **686**, 4 der *D* = er 28 doch Gâwâne *D* = Gâwân doch **687**, 14 zimierde *DF* = zimier 23 starken *D* = schœnen 24 si *D* = die **688**, 16 *punkt* = 18 *punkt* 19 sîn *D* = sîns (*Bock, Krit. bem. s.* 57 *anm.*) 24 *punkt* = 26 *punkt* **689**, 23 dienstlîche *D* = dienstlîch 25 dô *D* = sô 30 sîn leit *Dg* = leit (*Bock, Beitr.* 11, 185) **690**, 17 rotte *D* = storje kom in = kômen 26 = sus *bis* vernomen *in klammern ohne zeichen*

691, 3 hete den *D* = heten 7. 8 sâhen : jâhen *alle* = sæhen : jæhen 14 dûhten *Dg* = dûhte 16 bluomenvarwen *D* = bluomvarwen **692**, 5 besten vreude *D* = hôhsten freuden 11 *punkt* = 12 *punkt nach* mannen 14 an *D* = ûf **693**, 5 = *komma* 15 gelte *DG* = gelt **694**, 1 dises *D* = des 8 wil *D* = welle 22 sunderkamph = sunder kampf 29 *punkt* = 28 *punkt* **695**, 5 = *komma* 6. 7 = *ohne anführungszeichen* 13 hieze *Ggg* = hiez 28 vrouwe = [frouwe] 29 Plimizôl *G* = Plimizœl **699**, 8 an mir ein teil *D* = ein teil an mir 10 geloubez *D* = geloubtez

701, 1 künec *Dgg (fehlt den andern)* = rois   18 denke
D = gedenke   **702**, 18 ûzen *alle* = ûze (*Gebhardt Beitr.*
24, 408)   **703**, 5 sîne *DG* = sîn   11 sîn selbes *D* = sîn
14 ez *D* = si   16 dienstes *d* = diens   **705**, 5 *punkt* = 6
punkt   23 *punkt* = 24 *punkt*   **706**, 11 dise *D* = die
21 prîse *DG* = prîs   27 alsus vil nâch *D* = vil nâch alsus
707, 6 anderhalben *D* = anderhalp   **708**, 28 *kolon* = 30 *kolon*
709, 7 kom *D* = kœme   29 gebærden *alle* = bærden   **710**, 9
anderhalben *D* = anderhalp   10 hete *D* = het aldâ

711, 30 zArtûse *DG* = zArtûs   **712**, 7 *komma* = *aus-
rufungszeichen*   13 dîne *D* = dîn   19 vreuden *alle ausser*
g = friunden   **715**, 2 daz *D* = dâ   15 *kolon* = 18 *kolon*
26 denke *D* = gedenke   27 lônen *D* = gelônen   **717**, 23
ez *D* = er   24 alle *DG* = al   27 man *D* = helt   **718**, 13
von den *alle ausser D* = von   23 dô sprach er *D* = er sprach
719, 8 al deste D = deste   28 sichs *D* = sich   **720**, 25
anderhalben *D* = anderhalp

721, 5 alsus vuor *D* = als tet   8 *punkt* = 6 *punkt*
722, 1 Bêâkurse *D* = Bêâkurs   3 von ir arte *Dd* = von art
15 *punkt* = 16 *punkt*   17 *punkt* = 19 *punkt*   28 hœhet
Ggg = hœhert   30 sîne *DG* = sîn   **723**, 8 si *D* = wan si
gewecket *D* = erwecket   **724**, 5 en widerstrît *dg* = wider
strît   6 strâzen *D* = strâze   18 sî daz *alle ausser Gg* =
sîz   29 tâten *DGdg* = tæten   *punkt* = 26 *punkt*   **726**, 19
des = dês   **727**, 12 und ouch *D* = und   19 anderhalben
D = anderhalb   22 der huop *D* = huop   25 der künec *alle*
= rois   27 daz Artûs *D* = Artûs   **728**, 19 aller *Dg* = alle
23 wannen *DG* = wan   30 wart *D* = was   **730**, 2 dem *dg*
= den   3 Lischoise *DG* = Lischoys

731, 23 diu *Dd* = durch   **732**, 5 minnen *D* = minne
19—22 = *ohne eckige klammern (fehlen D)*   24 = *komma*
29 wægeste *D* = wægest   **733**, 3—5 = *in klammern*

XV.

734, 4—7 = *ohne klammern mit semikolon*   15 *punkt*
= 16 *punkt*   **735**, 29 drûfe *G* = drûf   **736**, 5 kostenlîch
D = kostlîche   29 *kolon* = 30 *kolon*   **737**, 1 sunderlant =
under lant   3 *punkt* = 4 *punkt*   9 inz *D* = in daz   **739**, 9

wan des *alle* = wand es   13 bereit *DG* = breit   **740**, 2
enmüeze *D* = muoz   10 *punkt* = 12 *kolon nach* gap   18 von
Gdgg = vor   19. 20 = *kola*

741, 7 rubîne *D* = und rubbîne   9 kostenlîchen *D* =
kostlîchen   17 wâpene *Dg* = wâpen   18 genâden *D* = ge-
nâde   28 herzenlîche *D* = herzenlîchen   **742**, 4 muntâne
ze *D* = muntâne   25 werltlîche *D* = werltlîch   29 = ich
bis wîp *in klammern mit komma*   **743**, 18 = *semikolon*
744, 7 dar *D* = dô   14 niene *D* = niht langer   21 *punkt* =
23 *kolon*   22 stêz *DG* = stêtz   25 was = [was]   **746**, 26
irz *alle* = irs (*Wiessner Beitr.* 27, 4; *druckfehler: vgl. Lach-*
mann, Ausw. s. 165)   **747**, 13 manlîchen *D* = manlîche
748, 1. 2 schiere : herseniere *alle* = schier : hersenier   30 =
ausrufungszeichen   **749**, 1 diu dich *alle* = dich   9. 10 hânt :
erlânt *alle* = hât : erlât   25 bârucke *D* = bâruc   **750**, 5
gotinne *alle* = gotîn   8 ûf *DGd* = ûz   16 dienstlîchen *D*
= dienstlîche   29 enwart *D* = wart

752, 7 *punkt* = 6 *punkt*   24 sîniu *DG* = sîn   **753**, 4
dirre *D* = die   10 dienstes *alle ausser D* = diens   11 dâ =
dar   21 al ir *Gdgg* = ir   24 den luft *Dd* = luft   28 mînem
D = iwerm   **754**, 7 dâ .... hin *D* = dar   **755**, 4 was *Dd* (*ber-*
liner fragment) = was sus   20 = *nicht zur rede*   **756**, 1 *punkt*
= 755, 30 *punkt* (*Paul Beitr.* 2, 96)   **757**, 8 diu dise *d* = dise
= *ohne komma nach* gap   *punkt* = 7 *kolon*   9. 10 = *in*
klammern   11 der *D* = diu   Sekundillen = Secundille
758, 3 alle *Gg* = al   23 kamern *D* = kamer   **760**, 14 palmâte
D = palmât   16 tiuren *D* = tiwer   30. 761, 1 = *in klammern*

761, 7. 8 Plimizôl : Îdôl *DG* = Plimizœl : Ydœl   **762**, 7
punkt = 8 *punkt*   12 anderhalben sîn *D* = anderhalp   14 =
ohne kolon   **763**, 11 *punkt nach* spîse = *punkt nach* zühtec-
lîche   21 Parzivâl *D* = der Wâleis   **764**, 21 ir *D* = der
28 der werde *dd* = der   **765**, 21 und ouch *Dd* (*berliner*
fragment) = und   **766**, 5 *punkt* = 6 *punkt* (*Paul Beitr.*
2, 96)   11 gewern *alle ausser d* = wern   21 vrâge ir *Ggg*
= ir vrâge   29 dienstes *alle ausser D* = diens   **767**, 13
und ouch *D* = und   **768**, 4 = *komma*   28 minne mir *Gdd*
(*Zeitschr. f. d. phil.* 5, 193) *gg* = minne   **769**, 5 dienest *alle*
ausser D = diens   16 der = [der]   17 an *Ddd* = en
770, 1—30 rois, cuns, duc = der künec, der grâve, der herzoge

(*Bock, Krit. bem. s.* 63)   13 Lisavander *d* (*liverpooler frag-
ment*) = Lysander   18 Kârub *d* (*liverpooler fragment*) =
fehlt   19 Zôrôastêr *dd* (*liverpooler fragment*) = Zarôastêr
20 Tilirastêr *d* (*liverpooler fragment*) = Thilêr   27 und
von *Dd* (*Zeitschr. f. d. phil.* 5, 195) *d* (*liverpooler fragment*)
= und

771, 3 nehein ritter bezzer *Dd* (*Zeitschr. f. d. phil.* 5, 195)
d (*liverpooler fragment*) = kein bezzer rîter   17 Olimpjâ
Ddd (*Zeitschr. f. d. phil.* 5, 195) *d* (*liverpooler fragment*) =
Olimpîe   772, 1—23 rois, cuns, duc = den künec, den grâven,
den herzogn (*Bock, Krit. bem. s.* 64)   773, 13 den = [den]
den = [den]   z = [daz]   774, 29 *punkt* = 30 *punkt*   775, 7
Plimizôles *G* = Plimizœles   776, 2 wande ez *alle* = wan
deiz (*Bätjer, Die verw. d. konj.* daz *in Wolfr. Parz. s.* 7. 40)
9 *punkt* = 10 *punkt*   24 herbergen *Dg* = herberge   777, 12
pherde *DG* = pfert   14 manege *Dddg* = manc   24 des =
dês   25 *punkt* = 26 *punkt*   29 dar *D* = dâ   778, 1
etslîch *DGgg* = ieslîch   17 kleider wâren *Dd* = kleider
18 kostebære *DG* = kostbære   = *punkt*   780, 3 ûf dô *D*
= ûf   13 = *komma*   17 Plimizôle *G* = Plimizœle   25 Plimi-
zôles *G* = Plimizœles   29 zuht *D* = zühten

781, 13 *ausrufungszeichen* = 14 *ausrufungszeichen*   27—
29 = *ohne klammern mit kolon*   30 sælden *DGd* = sælde
782, 6 Zval = Zvâl   8 und = [und]   11 under den *D* =
unde   19 und = [und]   24 dâ *Ddd* = der   = *ohne zeichen*
785, 4 im nû *Dd* (*liverpooler fragment*) = im   18 = *ohne
klammern mit punkt*   19 si lobeten *D* = dô lobten si
786, 8 diz *D* = daz   27. 28 prîsente : Nourîente *DGdd*
(*liverpooler fragment*) = prêsent : Nourîent   27 rîchiu *D* =
rîche   30 Kundrîe und *alle* = Cundrî   dise *Ddd* (*liverpooler
fragment*) = die

XVI.

787, 1. 2 sîne : pîne *alle* = sîn : pîn   788, 1 *ausrufungs-
zeichen* = 787, 30 *punkt*   15 *punkt* = 16 *punkt*   19 helfec-
lîchen *D* = helflîchen   789, 19 kœme *Dddg* = kom   29 =
kolon   790, 6 sûrer *D* = sûr   8 ouch ê *D* = ê   15 =
komma

791, 14 etîtes *Dg* = echîtes   792, 3 sunderart = sunder
art   7 Amfortasen *alle* = Anfortas   30 wir dâ *D* = wir
793, 6 er *D* = und   8 sîner *D* = daz sîner   18 dem *D*
= den   23 *punkt* = 22 *punkt*   794, 4 die *alle* = diu
punkt = 3 *punkt*   7 *punkt* = 5 *punkt*   12 sinewele *D* =
sinwel   27 ê *D* = wol ê   795, 4 alsô *D* = sô   5 herzen-
lîcher *D* = helflîcher   13 ehte = aht   30 sande *D* = sant
797, 7 *punkt* = 10 *punkt*   798, 5 werschaft *D* = werhaft
17 *punkt* = 18 *punkt*   799, 11 Plimizôle *G* = Plimizœle
12 im *D* = im dô   18 lande *alle* = lant   24 und ob *D*
= op   25. 26 = *ohne eckige klammern (fehlen D)*   27 zelten
D = gezelten   800, 5 ersiufzete = ersiufte

801, 15 *punkt* = 16 *kolon*   802, 15 schilte *DG* =
schilt   17 etslîcher *Dg* = ieslîcher   25 *punkt* = 26 *punkt*
803, 5 Wâleis *alle ausser Dd* = Wâls   7 *punkt* = 8 *punkt*
8 zAnschouwe *D* = Anschouwe   und in *D* = und   24 Plimizôl
DG = Plimizœl   804, 16 = *punkt*   805, 2 sluoc *G* =
sluogen   9 *punkt* = 10 *punkt*   22 de (der *G*) = von
25 sunderschar = sunder schar   806, 6 = *punkt*   21 Rîle
alle ausser D = Ryl   25 varwe *Ddd* = var   807, 19 *punkt*
= 18 *punkt*   21 bluotege *D* = pluotec   808, 10 *punkt*
= 11 *punkt* (*Paul Beitr.* 2, 96; *Wiessner ebenda* 26, 439)
14 und = [und]   809, 15 dienstes *alle ausser D* = diens
26 wilt *D* = wilde   810, 13 vor uns mit krône *D* = mit
krône vor uns

811, 5 rîche *D* = werde   13 dienstes *alle ausser D* =
diens   812, 3 hâre *DG* = hâr   6 prîs erwarp ie *D* = ie
prîs erwarp   13 ze muoten = zentmuoten (*Paul Beitr.* 2, 96)
komma = 14 *kolon* (*Müller im Mhd. wörterb.* 3, 153 a; *Paul
Beitr.* 2, 96; *Niedner, Das deutsche turn. s.* 32; *Meier Zeitschr.
f. d. phil.* 25, 108)   17 *punkt* = 16 *punkt*   25 hete si *Dg* =
het   = *ohne zeichen*   26 = *ausrufungszeichen*   28 Jûpitern
Dg = Jupiter   813, 13 sæhe *alle ausser d* = ensæhe
15 *punkt* = 16 *punkt*   23 ûf *D* = in   26 = *kolon*   814, 1
gein *D* = ze   7 êrst der *dd* = êrster   25 = *komma*   815, 3. 4
= *kommata*   20 wande *D* = wan   21 haben *D* = hânt
816, 9 vruo *D* = lieht   17 dem . . . . templeise *Dd* =
den . . . . templeisen   817, 3 mit *D* = und mit   19 eben-
hêre = eben hêre   21 *punkt* = 22 *punkt*   818, 19 Frimu-

tels *DG* = Frimutelles   **819**, 23 hinnen *alle* = hinne
820, 7 dannenverte *Ggg* = danverte   24 reise *D* = rede
821, 5 des *ddg* = der   11—13 = *ohne anführungszeichen*
11 mîn *D* = sîn   27 *punkt* = 28 *punkt*   30 dem = den
= *punkt*   **822**, 21. 22 dô mohte *Dg* = 21 mohte dô   26 die
künege man dâ *D* = man dâ die künege   **823**, 12 Frimutels
DG = Frimutelles   22 = *punkt*   29 *punkt* = 28 *punkt*
825, 9 *komma nach* milte = *komma nach* âderstôz   14 an
Dddg = en   **826**, 3 hôchgezît D = hôhzît   **827**, 3 *punkt*
= 4 *punkt*   27 *punkt* = 28 *punkt*

Druckfehler.

Lies 607, 1 si
692, 29 hînt
721, 5 alsus
767, 21 *komma*
782, 11 den
791, 14 etîtes.

Parzival.

XII.

583   Swer im nû ruowe næme,
ob ruowens in gezæme,
ich wæne, der hetes sünde.
nâch der âventiure urkünde
5 hete er sich garbeitet,
gehœhet und gebreitet
sînen prîs mit grôzer nôt.
swaz der werde Lanzelôt
ûf der swertbrücke erleit
10 und sît mit Meljakanze streit,
daz was gein dirre nôt ein niht
und des man Gârele giht,
dem stolzen künege rîche:
der alsô ritterlîche
15 den lewen von dem palas
warf, der dâ ze Nantes was,
Gârel ouchz mezzer holte,
dâ von er kummer dolte
in der marmelînen sûl.
20 trüege dise phîle ein mûl,
er wære ze vil geladen dâ mite,
die Gâwân durch ellens site
gein sînem verhe snurren liez,
als in sîn manlîch herze hiez.
25 Li Gweiz Preljus der vurt
und Êrec, der Schoidelakurt
erstreit ab Mabonagrîn,

der newederz gap sô hôhen pîn,
noch dô der stolze Îwân
30 sînen guz niht wolde lân
584 ûf der âventiure stein.
solden dise kummer sîn al ein,
Gâwâns kummer slüege vür,
wæge iemen ungemaches kür.
5 welhen kummer meine ich nuo?
ob iuch des diuhte niht ze vruo,
ich solde in iu benennen gar:
Orgelûse kom aldar
in Gâwâns herzen gedanc,
10 der ie was zageheite kranc
und gein dem wâren ellen starc.
wie kom, daz sich dâ verbarc
sô grôz wîp in sô kleiner stat?
si kom einen engen phat
15 in Gâwânes herze,
daz aller sîn smerze
von disem kummer gar verswant.
ez was iedoch ein kurziu want,
dâ sô lanc wîp inne saz,
20 der mit triuwen nie vergaz
sîn dienestlîchez wachen.
niemen sol des lachen.
daz sus werlîchen man
ein wîp enschumfieren kan,
25 wochrî woch, waz sol daz sîn?
dâ tuot vrou Minne ir zürnen schîn
an dem, der prîs hât bejaget.
werlîch und unverzaget
hât si in iedoch vunden.
30 gein dem siechen wunden
585 solde si gewaltes verdriezen:
er möhte doch des geniezen,
daz si in âne sînen danc
wol gesunden ê betwanc.
5 vrou Minne, welt ir prîs bejagen,
möhtet ir iu doch lâzen sagen,

iust âne êre dirre strît.
Gâwân lebete ie sîne zît,
als iuwer hulde im gebôt:
10 daz tet ouch sîn vater Lôt.
muoterhalp al sîn geslehte
daz stuont iu gar ze rehte
sît her von Mazadâne,
den ze Feimurgâne
15 Terredelaschoie vuorte.
den iuwer kraft dô ruorte,
Mazadânes nâchkomen,
von den ist dicke sît vernomen,
daz ir enkeiner iuch nie verliez.
20 Îthêr von Gaheviez
iuwer insigel truoc:
swâ man vor wîben sîn gewuoc,
des wolde sich ir keiniu schamen,
swâ man nande sînen namen,
25 ob si der minne ir krefte jach.
nû prüevet denne, diu in sach:
der wâren diu rehten mære komen.
an dem iu dienest wart benomen.
nû tuot ouch Gâwân den tôt,
30 als sînem neven Ilinôt,
586 den iuwer kraft dar zuo betwanc,
daz der junge süeze ranc
nâch werder âmîen,
von Kanedic Flôrîen.
5 sîns vater lant von kinde er vlôch:
diu selbe künegîn in zôch,
ze Bertâne er was ein gast.
Flôrîe in luot mit minnen last,
daz si in verjagete vür daz lant.
10 in ir dienest man in vant
tôt, als ir wol hât vernomen.
Gâwâns künne ist dicke komen
durch minne in herzebæriu sêr.
ich nenne iu sîner mâge mêr,
15 den ouch von minne ist worden wê.

wes twanc der bluotvarwe snê
Parzivâles getriuwen lîp?
daz schuof diu künegîn sîn wîp.
Gâlôesen und Gahmureten,
20 die habet ir beide übertreten,
daz ir si gâbet an den rê.
diu junge werde Itonjê
truoc nâch dem künege Gramoflanz
mit triuwen stæte minne ganz:
25 daz was Gâwâns swester klâr.
vrou Minne, ir teiltet ouch iuwern vâr
Sûrdâmûr durch Alexandern.
die eine und die andern,
swaz Gâwân künnes ie gewan,
30 vrou Minne, die woldet ir niht erlân,
587 si enmüesten dienest gein iu tragen.
nû welt ir prîs an im bejagen:
ir soldet kraft gein kreften geben
und liezet Gâwânen leben
5 siech mit sînen wunden
und twünget die gesunden.
maneger hât von minnen sanc,
den nie diu minne alsô getwanc.
ich möhte nû wol stille dagen:
10 ez solden minnære klagen,
waz dem von Norwæge was,
dô er der âventiur genas,
daz in bestuont der minnen schûr
âne helfe gar ze sûr.

15   Er sprach: 'ouwê, daz ich ie erkôs
disiu bette ruowelôs:
einez hât mich versêret
und daz ander mir gemêret
gedanke nâch minne.
20 Orgelûse diu herzoginne
muoz genâde an mir begên,
ob ich bî vreuden sol bestên.'
vor ungedult er sich sô want,

daz brast etslîch sîn wunden bant.
25 in solhem ungemache er lac.
nû seht, dô schein ûf in der tac:
des hete er unsanfte erbiten.
er hete dâ vor dicke erliten
mit swerten manegen scharphen strît
30 sanfter danne die ruowens zît.
588   ob kummer sich gelîche deme,
swelh minnære den an sich geneme,
der werde alrêst wol gesunt
mit phîlen alsus sêre wunt:
5 daz tuot im lîhte alsô wê
als sîn minnen kummer ê.
     Gâwân truoc minne und ander klage.
dô begundez liuhten von dem tage,
daz sîner grôzen kerzen schîn
10 unnâch sô virrec mohte sîn.
ûf rihte sich der wîgant.
dô was sîn lînîn gewant
nâch wunden und harnas var.
zuo zim was geleget dar
15 hemde und bruoch von buckeram
(den wehsel er dô gerne nam)
und eine garnâsche merderîn,
des selben ein kürsenlîn,
ob den beiden schurbrant
20 von Arrâze aldar gesant.
zwêne stivâle ouch dâ lâgen,
die niht grôzer enge phlâgen.
diu niuwen kleider legete er an.
     dô gienc mîn her Gâwân
25 ûz zer kemenâten tür.
sus gienc er wider unde vür,
unz er den rîchen palas vant.
sînen ougen wart nie bekant
rîcheit, diu dar zuo töhte,
30 daz si dem dâ gelîchen möhte.
589   ûf durch den palas einesît
gienc ein gewelbe niht ze wît,

gegrêdet über den palas hôch:
sinewel sich daz umme zôch.
5 dar ûfe stuont ein klâriu sûl:
diu was niht von holze vûl,
si was lieht unde starc,
sô grôz, vroun Kamillen sarc
wære drûfe wol gestanden.
10 ûz Feirefîzes landen
brâhtez der wîse Klinschor.
werc, daz hie stuont enbor,
sinewel als ein gezelt ez was.
der meister Jêômetras,
15 soldez geworht hân des hant,
diu kunst wære im unbekant.
ez was geworht mit liste.
adamas und ametiste
(diu âventiure uns wizzen lât),
20 topâzje und grânât,
krisolde, rubîne,
smârâde, sardîne,
sus wâren diu venster rîche,
wît und hôch gelîche.
25 als man der venster siule sach,
der art was obene al daz dach.
    dehein sûl stuont dar unde,
diu sich gelîchen kunde
der grôzen sûl, dâ zwischen stuont.
30 uns tuot diu âventiure kunt,
590   waz diu wunders mohte hân.
durch schouwen gienc her Gâwân
ûf daz warthûs eine
ze manegem tiuren steine.
5 dâ vant er solh wunder grôz,
des in ze sehen niht verdrôz:
in dûhte, daz im al diu lant
in der grôzen siule wæren bekant
und daz diu lant alumme giengen
10 und daz mit hurte emphiengen
die grôzen berge ein ander.

in der siule vander
liute rîten unde gên,
disen loufen, jenen stên.
15 in ein venster er gesaz,
er wolde daz wunder prüeven baz.
    dô kom diu alde Arnîve
und ir tohter Sangîve
und ir tohter tohter zwuo.
20 die giengen alle viere zuo:
Gâwân spranc ûf, dô er si sach.
diu künegîn Arnîve sprach:
'herre, ir soldet noch slâfes phlegen.
habet ir ruowens iuch bewegen,
25 dar zuo sît ir ze sêre wunt,
sol iu ander ungemach sîn kunt.'
dô sprach er: 'vrouwe und meisterin,
mir hât kraft unde sin
iuwer helfe alsô gegeben,
30 daz ich gediene, muoz ich leben.'

591 diu künegîn sprach: 'muoz ich sô spehen,
daz ir mir, herre, habet verjehen,
daz ich iuwer meisterinne sî,
sô küsset dise vrouwen alle drî.
5 dâ sît ir lasters an bewart:
si sint erborn von küneges art.'
dirre bete was er vrô,
die klâren vrouwen kuste er dô,
Sangîven und Itonjê
10 und die süezen Kundrîê.
Gâwân saz selbe vünfte nider.
dô sach er vür unde wider
an der klâren megede lîp:
iedoch twanc in des ein wîp,
15 diu in sînem herzen lac,
dirre megede blic ein nebeltac
was bî Orgelûsen gar.
diu dûhte et in sô wol gevar,
von Lôgrois diu herzogin:
20 dâ jagete in sîn herze hin.

nû, diz was ergangen,
daz Gâwân was emphangen
von den vrouwen allen drîn.
die truogen sô liehten süezen schîn,
25 des lîhte ein herze wære versniten,
daz ê niht kummers hete erliten.
ze sîner meisterinne er sprach
um die sûl, die er dâ sach,
daz si im sagete mære,
30 von welher art diu wære.
592 dô sprach si: 'herre, dirre stein
bî tage und alle nehte schein,
sît er mir êrste wart erkant.
alum sehs mîle in daz lant,
5 swaz in dem zil geschiht,
in dirre siule man daz siht,
in wazzer und ûf velde.
des ist er wâriu melde:
ez sî vogel oder tier,
10 der gast und der fôrehtier,
die vremden und die kunden,
die hât man drinne vunden.
über sehs mîle gêt sîn glanz.
er ist sô veste und ouch sô ganz,
15 daz in mit starken sinnen
kunde nie gewinnen
weder hamer noch der smit.
er wart verstoln ze Tabronit
der künegîn Sekundillen,
20 ich wæne des, âne ir willen.'
    Gâwân an den zîten
sach in der siule rîten:
einen ritter und eine vrouwen
mohte er dâ beidiu schouwen.
25 dô dûhte in diu vrouwe klâr,
man und ors gewâpent gar
und der helm gezimieret.
si kômen geheistieret
durch die passâschen ûf den plân.

30 nâch im diu reise wart getân.

593 si kômen die strâzen durch daz muor,
als Lischois der stolze vuor,
den er enschumfierte.
diu vrouwe kondewierte
5 den ritter mit dem zoume her:
tjostieren was sîn ger.
Gâwân sich umme kêrte,
sînen kummer er gemêrte.
in dûhte, diu sûl hete in betrogen:
10 dô sach er vür ungelogen
Orgelûsen de Lôgrois
und einen ritter kurtois
gein dem urvar ûf den wasen.
ist diu nieswurz in der nasen
15 dræte unde strenge,
durch sîn herze enge
kom alsus diu herzogîn,
durch sîniu ougen obene în.
gein minne helfelôs ein man,
20 ouwê, daz ist her Gâwân.
ze sîner meisterinne er sprach,
dô er den ritter komen sach:
'vrouwe, dort vert ein ritter her
mit ûf gerihtem sper,
25 der wil suochens niht erwinden.
ouch sol sîn suochen vinden,
sît er ritterschefte gert:
strîtes ist er von mir gewert.
saget mir, wer mac diu vrouwe sîn?'
30 si sprach: 'daz ist diu herzogîn,

594 von Lôgrois diu klâre.
wem kumt si sus ze vâre?
der turkoite ist mit ir komen,
von dem sô dicke ist vernomen,
5 daz sîn herze ist unverzaget.
er hât mit spern prîs bejaget,
es wæren gehêret driu lant.
gein sîner werlîchen hant

sult ir strîten mîden nuo.
10 strîten ist iu gar ze vruo:
ir sît ûf strît ze sêre wunt.
ob ir halt wæret wol gesunt,
ir soldet doch strîten gein im lân.'
    dô sprach mîn her Gâwân:
15 'ir jeht, ich sül hie herre sîn:
swer denne ûf al die êre mîn
ritterschaft sô nâhe suochet,
sît er strîtes geruochet,
vrouwe, ich sol mîn harnas hân.'
20 des wart grôz weinen dâ getân
von den vrouwen allen vieren.
si sprâchen: 'welt ir zieren
iuwer sælde und iuwern prîs,
sô strîtet niht deheinen wîs.
25 læget ir dâ vor im tôt,
alrêst wüehse unser nôt:
sult aber ir vor im genesen,
welt ir in harnase wesen,
iu nement iuwer êrsten wundenz leben:
30 sô sîn wir an den tôt gegeben.'
595   Gâwân sus mit kummer ranc:
ir muget wol hœren, waz in twanc.
vür schande hete er an sich genomen
des werden turkoiten komen:
5 in twungen ouch wunden sêre
und diu minne michels mêre
und der vier vrouwen riuwe,
wande er sach an in triuwe.
er bat si weinen verbern.
10 sîn munt dar zuo begunde gern
harnas, ors unde swert.
die vrouwen klâr unde wert
vuorten Gâwânen wider.
er bat si vor im gên dar nider,
15 dâ die andern vrouwen wâren,
die süezen und die klâren.
Gâwân ûf sîns strîtes vart

balde aldâ gewâpent wart
mit weinden liehten ougen:
20 si tâtenz alsô tougen,
daz niemen vriesch diu mære,
niwan der kamerære,
der hiez sîn ors erstrîchen.
Gâwân begunde slîchen,
25 aldâ Gringuljete stuont.
doch was er sô sêre wunt,
den schilt er kûme dar getruoc.
der was dürkel ouch genuoc.
ûfz ors saz her Gâwân.
30 dô kêrte er von der burc her dan
596   gein sînem getriuwen wirte.
der in vil wênec irte
alles, des sîn wille gerte,
eins spers er in gewerte,
5 daz was starc und unbeschaben.
er hete ir manegez ûf erhaben
dort anderhalben ûf sînem plân.
dô bat in mîn her Gâwân
überverte schiere:
10 in einem ussiere
vuorte er in über an daz lant,
dâ er den turkoiten vant
wert unde hôchgemuot.
er was vor schanden alsô behuot,
15 daz missewende an im verswant.
sîn prîs was sô hôch erkant,
swer gein im tjostierens phlac,
daz der hinderm orse lac
von sîner tjoste valle.
20 sus hete er si alle,
die gein im ie durch prîs geriten,
mit tjostieren überstriten.
ouch tet sich ûz der degen wert,
daz er mit spern sunder swert
25 hôhen prîs wolde erben
oder sînen prîs verderben:

swer den prîs bezalte,
daz er in mit tjoste valte,
dâ würde er âne wer gesehen,
30 dem wolde er sicherheit verjehen.
597   Gâwân vriesch diu mære
von der tjoste phandære.
Plipalinôt nam alsô phant:
swelh tjoste wart aldâ bekant,
 5 daz einer viel, der ander saz,
sô emphienc er âne ir beider haz
díses vlust und jenes gewin:
ich meine daz ors, daz zôch er hin.
er enruochte, striten si genuoc:
10 swer prîs oder laster truoc,
des liez er jehen die vrouwen.
si mohtenz dicke schouwen.
Gâwânen er vaste sitzen bat.
er zôch imz ors an den stat,
15 er bôt im schilt unde sper.
hie kom der turkoite her,
kalopierende als ein man,
der sîne tjoste mezzen kan
weder ze hôch noch ze nider.
20 Gâwân kom gein im hin wider.
von Munsalvæsche Gringuljete
tet nâch Gâwânes bete,
als ez der zoum gelêrte.
ûf den plân er kêrte.
25 hurtâ, lât die tjoste tuon.
hie kom des künec Lôtes sun
manlîch und âne herzen schric.
wâ hât diu helmsnuor ir stric?
des turkoiten tjost in traf aldâ.
30 Gâwân ruorte in anderswâ,
598   durch die barbiere.
man wart wol innen schiere,
wer dâ gevelles was sîn wer.
an dem kurzen starken sper
 5 den helm emphienc her Gâwân:

hin reit der helm, hie lac der man.
der werdekeit ein bluome ie was,
unz er verdacte alsus daz gras
mit valle von der tjoste,
10 sîner zimierde koste
im touwe mit den bluomen striten.
Gâwân kom ûf in geriten,
unz er im sicherheit verjach.
der verje nâch dem orse sprach.
15 daz was sîn reht: wer lougent des?
    'ir vreutet iuch gerne, wesset ir wes,'
sprach Orgelûse diu klâre
Gâwâne aber ze vâre,
'durch daz des starken lewen vuoz
20 in iuwerm schilte iu volgen muoz.
nû wænt ir, iu sî prîs geschehen,
sît dise vrouwen hânt gesehen
iuwer tjost alsô getân.
wir müezen iuch bî vreuden lân,
25 sît ir des der geile,
ob Lît Marveile
sô kleine sich hât gerochen.
iust doch der schilt zebrochen,
als ob iu strît sül wesen kunt.
30 ir sît ouch lîhte ze sêre wunt
599 ûf strîtes gedense:
daz tæte iu wê zer gense.
iu mac durch rüemen wesen liep
der schilt dürkel als ein sip,
5 den iu sô manec phîl zebrach.
an disen zîten ungemach
muget ir gerne vliehen.
lât iu den vinger ziehen:
rîtet wider ûf zen vrouwen.
10 wie getörstet ir geschouwen
strît, den ich werben solde,
ob iuwer herze wolde
mir dienen nâch minne.'
er sprach zer herzoginne:

15 'vrouwe, hân ich wunden,
die hânt hie helfe vunden.
ob iuwer helfe kan gezemen,
daz ir mîn dienest ruochet nemen,
sô wart nie nôt sô herte erkant,
20 ich ensî ze dienste iu dar benant.'
si sprach: 'ich lâze iuch rîten,
mêr nâch prîse strîten
mit mir geselleclîche.'
des wart an vreuden rîche
25 der stolze werde Gâwân.
den turkoiten sande er dan
mit sînem wirt Plipalinôt:
ûf die burc er enbôt,
daz sîn mit wirde næmen war
30 al die vrouwen wol gevar.

600 Gâwâns sper was ganz beliben,
swie beidiu ors wæren getriben
mit sporn ûf tjoste hurte:
in sîner hant erz vuorte
5 von der liehten ouwe.
des weinde manec vrouwe,
daz sîn reise aldâ von in geschach.
diu künegîn Arnîve sprach:
'unser trôst hât im erkorn
10 sîner ougen senfte, sherzen dorn.
ouwê, daz er nû volget sus
gein Li Gweiz Preljus
Orgelûsen der herzogin!
daz ist sîner wunden ungewin.'
15 vier hundert vrouwen wâren in klage:
er reit von in nâch prîses bejage.
swaz im an sînen wunden war,
die nôt hete erwendet gar
Orgelûsen varwe glanz.
20 si sprach: 'ir sult mir einen kranz
von eines boumes rîse
gewinnen, dar um ich prîse
iuwer tât: welt ir michs wern,

  sô muget ir mîner minne gern.'
25 dô sprach er: 'vrouwe, swâ daz rîs
  stêt, daz sô hôhen prîs
  mir ze sælden mac bejagen,
  daz ich iu, vrouwe, müeze klagen
  nâch iuwern hulden mîne nôt,
30 daz briche ich, ob mich læt der tôt.'
601 swaz dâ stuonden bluomen lieht,
  die wâren gein dirre varwe ein niht,
  die Orgelûse brâhte.
  Gâwân an si dâhte,
5 sô daz sîn êrste ungemach
  im deheines kummers jach.
  sus reit si mit ir gaste
  von der burc wol eine raste,
  eine strâzen wît und sleht
10 vür ein klârez fôreht.
  der art des boume muosten sîn,
  temrîs und prisîn:
  daz was der Klinschores walt.
   Gâwân der degen balt
15 sprach: 'vrouwe, wâ briche ich den kranz,
  des mîn dürkel vreude werde ganz?'
  er solde si et hân gediuhet nider,
  als dicke ist geschehen sider
  maneger klâren vrouwen.
20 si sprach: 'ich lâze iuch schouwen,
  aldâ ir prîs meget behaben.'
  über velt gein einem graben
  riten si sô nâhen,
  des kranzes boum si sâhen.
25 dô sprach si: 'herre, jenen stam
  den heiet, der mir vreude nam:
  brinct ir mir dar abe ein rîs,
  nie ritter alsô hôhen prîs
  mit dienst erwarp durch minne.'
30 sus sprach diu herzoginne:
602 'hie wil ich mîne reise sparn.
  got waldes, welt ir vürbaz varn,

    sô ensult irz niht lengen.
    ellenthaftez sprengen
5 müezet ir zorse tuon alsus
    über Li Gweiz Preljus.’
    si habete al stille ûf dem plân.
      vürbaz reit her Gâwân:
    er erhôrte eins dræten wazzers val,
10 daz hete durchbrochen wît ein tal,
    tief, ungeverteclîche.
    Gâwân der ellens rîche
    nam daz ors mit den sporn.
    ez treip der degen wol geborn,
15 daz ez mit zwein vüezen trat
    hin über an den andern stat:
    der sprunc mit valle muoste sîn.
    des weinde iedoch diu herzogîn:
    der wâc was snel unde grôz.
20 Gâwân sîner kraft genôz,
    doch truoc er harnases last.
    dô was eines boumes ast
    gewahsen in den wazzers trân:
    den begreif der starke man,
25 wande er dennoch gerne lebete.
    sîn sper dâ bî im swebete,
    daz begreif der wîgant.
    er steic hin ûf an daz lant.
      Gringuljete swam obe und unde,
30 dem er helfen dô begunde.

603   daz ors sô verre hin nider vlôz,
    des loufens in dar nâch verdrôz,
    wande er swære harnas truoc.
    er hete wunden ouch genuoc.
5 nû treip ez ein werve her,
    daz erz erreichte mit dem sper,
    aldâ der regen und des guz
    erbrochen hete wîten vluz
    an einer tiefen halden.
10 daz uover was gespalden,
    daz Gringuljeten nerte.

mit dem sper erz kêrte
sô nâhe her zuo an daz lant,
den zoum ergreif er mit der hant.
15 sus zôch mîn her Gâwân
daz ors hin ûz ûf den plân.
ez schutte sich, dô ez genas.
der schilt dâ niht bestanden was:
er gurte dem orse und nam den schilt.
20 swen sîns kummers niht bevilt,
daz lâze ich sîn: er hete doch nôt,
sît ez diu minne im gebôt.
Orgelûse diu glanze
in jagete nâch dem kranze:
25 daz was ein ellenthaftiu vart.
der boum was alsô bewart,
wæren Gâwâns zwêne, die müesten ir leben
um den kranz hân gegeben:
des phlac der künec Gramoflanz.
30 Gâwân brach iedoch den kranz.

604 daz wazzer hiez Sabîns.
Gâwân holte unsenften zins,
dô er undz ors drîn bleste.
swie Orgelûse gleste,
5 ich wolde ir minne alsô niht nemen:
ich weiz wol, wes mich sol gezemen.
    dô Gâwân daz rîs gebrach
und der kranz wart des helmes dach,
ez reit zuo zim ein ritter klâr.
10 dem wâren sîner zîte jâr
weder ze kurz noch ze lanc.
sîn muot durch hôchvart in twanc,
swie vil im ein man tet leit,
daz er doch mit dem niht streit,
15 ir enwæren zwêne oder mêr.
sîn hôhez herze was sô hêr,
swaz im tet ein man,
den wolde er âne strît doch lân.
fil li roi Îrôt
20 Gâwân guoten morgen bôt:

daz was der künec Gramoflanz.
dô sprach er: 'herre, um disen kranz
hân ich iu doch niht gar verzigen.
mîn grüezen wære noch gar verswigen,
25 ob iuwer zwêne wæren,
die daz niht verbæren,
si enholten hie durch hôhen prîs
ab mînem boume alsus ein rîs:
die müesten strît emphâhen.
30 daz sol mir sus versmâhen.'
605 ungerne ouch Gâwân mit im streit:
der künec unwerlîche reit.
doch vuorte der degen mære
einen mûzersparwære,
5 der stuont ûf sîner klâren hant.
ltonjê hete in im gesant,
Gâwâns süeziu swester.
phæwîn von Sinzester
ein huot ûf sînem houpte was.
10 von samît grüene als ein gras
der künec einen mantel vuorte,
daz vaste ûf die erden ruorte
ïewederthalp die orte sîn.
diu veder was lieht hermîn.
15 niht ze grôz, doch starc genuoc
was ein phert, daz den künec truoc,
an pherdes schœne niht betrogen,
von Tenemarken dar gezogen
oder brâht ûf dem mer.
20 der künec reit âne alle wer,
wande er vuorte swertes niht.
    'iuwer schilt iu strîtes giht'
sus sprach der künec Gramoflanz.
'iuwers schiltes ist sô wênec ganz:
25 Lît Marveile
ist worden iu ze teile.
ir habet die âventiure erliten,
diu mîn solde hân erbiten,
wan daz der wîse Klinschor

30 mir mit vriden gienc ie vor
606 und daz ich gein ir krieges phlige,
diu den wâren minnen sige
mit klârheit hât behalden.
si kan noch zornes walden
5 gein mir. ouch twinget si des nôt:
Zidegasten sluoc ich tôt,
in selbe vierden, ir werden man.
Orgelûsen vuorte ich dan,
ich bôt ir krône und al mîn lant:
10 swaz ir dienstes bôt mîn hant,
dâ kêrte si engein ir herzen vâr.
mit vlêhen hête ich si ein jâr:
ich enkunde ir minne nie bejagen.
ich muoz iu herzenlîche klagen:
15 ich weiz wol, daz si iu minne bôt,
sît ir hie werbet mînen tôt.
wært ir nû selbe ander komen,
ir möhtet mirz leben hân benomen
oder ir wæret beide erstorben:
20 daz hetet ir drum erworben.
mîn herze nâch ander minne gêt,
dâ helfe an iuwern genâden stêt:
sît ir ze Terre Marveile sît
herre worden (iuwer strît
25 hât iu prîs behalden),
welt ir nû güete walden,
sô helfet mir um eine maget.
nâch der mîn herze kummer klaget,
diu ist des künec Lôtes kint.
30 alle, die ûf erden sint,
607 die engetwüngen mich sô sêre nie.
ich hân ir kleinœte alhie:
nû gelobet ouch mîn dienest dar
gein der megede wol gevar.
5 ouch getrûwe ich wol, si sî mir holt,
wande ich hân nôt durch si gedolt,
sît Orgelûse diu rîche
mit worten herzenlîche

ir minne mir versagete.
10 ob ich sît prîs bejagete,
mir würde wol oder wê,
daz schuof diu werde Itonjê.
ich enhân ir leider niht gesehen.
wil iuwer trôst mir helfe jehen,
15 sô brinct diz kleine vingerlîn
der klâren süezen vrouwen mîn.
ir sît hie strîtes ledec gar,
ez enwære grœzer iuwer schar,
zwêne oder mêre.
20 wer jæhe mir des vür êre,
ob ich iuch slüege oder sicherheit
twünge? den strît mîn hant ie meit.'
     dô sprach mîn her Gâwân:
'ich bin doch werlîch ein man.
25 woldet ir des niht prîs bejagen,
würde ich von iuwer hant erslagen,
sô enhân ouch ichs deheinen prîs,
daz ich gebrochen hân diz rîs.
wer jæhe mirs vür êre grôz,
30 ob ich iuch slüege alsus blôz?

608   ich wil iuwer bote sîn:
gebet mir her daz vingerlîn
und lât mich iuwern dienest sagen
und iuwern kummer niht verdagen.'
5 der künec des dancte sêre.
Gâwân vrâcte in mêre:
'sît iu versmâhet gein mir strît,
nû saget mir, herre, wer ir sît.'
'ir ensult ez niht vür laster doln,'
10 sprach der künec, 'mîn name ist iu unverholn.
mîn vater der hiez Îrôt,
den ersluoc der künec Lôt.
ich binz der künec Gramoflanz.
mîn hôhez herze ie was sô ganz,
15 daz ich ze keinen zîten
nimmer wil gestrîten,
swaz mir tæte ein man,

wan einer, heizet Gâwân,
von dem ich prîs hân vernomen,
20 daz ich gerne gein im wolde komen
ûf strît durch mîne riuwe.
sîn vater der brach triuwe:
im gruoze er mînen vater sluoc.
ich hân ze sprechen dar genuoc.
25 nû ist Lôt erstorben
und hât Gâwân erworben
solhen prîs vor ûz besunder,
daz ob der tavelrunder
im prîses niemen gelîchen mac.
30 ich gelebe noch gein im strîtes tac.'
609   dô sprach des werden Lôtes sun:
'welt ir daz ze liebe tuon
iuwer vriundîn, obz diu ist,
daz ir sus valschlîchen list
5 von ir vater kunnet sagen
und dar zuo gerne hetet erslagen
ir bruoder, sôst si ein übel maget,
daz si den site an iu niht klaget.
kunde si tohter und swester sîn,
10 sô wære si ir beider vogetîn,
daz ir verbæret disen haz.
wie stüende iuwerm sweher daz,
hete er triuwe zebrochen?
habet ir des niht gerochen,
15 daz ir in tôt gein valsche saget?
sîn sun ist des unverzaget,
in sol des niht verdriezen,
mac er niht geniezen
sîner swester wol gevar,
20 ze phande er gît sich selben dar.
herre, ich heize Gâwân.
swaz iu mîn vater hât getân,
daz rechet an mir: er ist tôt.
ich sol vür sîn lasters nôt,
25 hân ich werdeclîchez leben,
ûf kamph vür in ze gîsel geben.'

dô sprach der künec: 'sît ir daz,
dar ich trage unverkornen haz,
sô tuot mir iuwer werdekeit
30 beidiu liep unde leit.
610 ein dinc tuot mir an iu wol,
daz ich mit iu strîten sol.
ouch ist iu hôher prîs geschehen,
daz ich iu einem hân verjehen
5 gein iu ze kamphe komende.
ist uns ze prîse vromende,
ob wir werde vrouwen
den kamph lâzen schouwen,
vünfzehen hundert bringe ich dar:
10 ir habet ouch eine klâre schar
ûf Schastel Marveile,
iu bringet ziuwerm teile
iuwer œheim Artus
von einem lande, daz alsus,
15 Löver, ist genennet.
habet ir die stat erkennet,
Bems bî der Korkâ?
diu massenîe ist elliu dâ:
von hiute über den ahten tac
20 mit grôzer schoie er komen mac.
von hiute am sehzehenden tage
kum ich durch mîn alde klage
ûf den plân ze Jôflanze
nâch gelte disem kranze.'
25 der künec Gâwânen mit im bat
ze Rosche Sabînes in die stat:
'ir enmuget niht ander brücken hân.'
dô sprach mîn her Gâwân:
'ich wil hin wider alsô her:
30 anders leiste ich iuwer ger.'
611 si gâben ffanze,
daz si ze Jôflanze
mit rittern und mit vrouwen her
kœmen durch ir zweier wer,
5 alsô was benant daz tagedinc,

si zwêne al eine ûf einen rinc.
  sus schiet mîn her Gâwân
dannen von dem werden man:
mit vreuden er leischierte,
10 der kranz in zimierte.
er wolde daz ors niht ûf enthaben,
mit sporn treip erz an den graben.
Gringuljete nam bezîte
sînen sprunc sô wîte,
15 daz Gâwân vallen gar vermeit.
zuo zim diu herzoginne reit,
aldâ der helt erbeizet was
von dem orse ûf ein gras
und er dem orse gurte.
20 ze sîner antwurte
erbeizte snellîche
diu herzoginne rîche.
gein sînen vuozen si sich bôt.
dô sprach si: 'herre, solher nôt,
25 als ich hân an iuch gegert,
der wart nie mîn wirde wert.
vür wâr mir iuwer arbeit
vüeget solhiu herzeleit,
diu emphâhen sol getriuwez wîp
30 um ir lieben vriundes lîp.'
612 dô sprach er: 'vrouwe, ist daz wâr,
daz ir mich grüezet âne vâr,
sô næhet ir dem prîse.
ich bin doch wol sô wîse:
5 ob der schilt sîn reht sol hân,
an dem hât ir missetân.
des schiltes ammet ist sô hôch,
daz er von spotte ie sich gezôch,
swer ritterschaft ze rehte phlac.
10 vrouwe, ob ich sô sprechen mac,
swer mich dâ bî hât gesehen,
der muoz mir ritterschefte jehen.
etswenne irs anders jâhet,
sît ir mich êrest sâhet:

15 daz lâze ich sîn. nemt hin den kranz.
ir sult durch iuwer varwe glanz
neheinem ritter mêre
erbieten solh unêre.
solde iuwer spot wesen mîn,
20 ich wolde ê âne minne sîn.’
　　diu klâre und diu rîche
sprach weinde herzenlîche:
‘herre, als ich iu nôt gesage,
waz ich der im herzen trage,
25 sô gebet ir jâmers mir gewin.
gein swem sich krenket mîn sin,
der solz durch zuht verkiesen.
ich enmac niemêr verliesen
vreuden, denne ich hân verlorn
30 an Zidegaste dem ûz erkorn.

613　mîn klâre süeze bêâs âmîs,
sô durchliuhtec was sîn prîs
mit rehter werdekeite ger,
ez wære dirre oder der,
5 die muoter ie gebâren
bî sîner zîte jâren,
die muosten im jehen werdekeit,
die ander prîs nie überstreit.
er was ein quecbrunne der tugent,
10 mit alsô berhafter jugent
bewart vor valscher phlihte.
ûz der vinster gein dem liehte
hete er sich enblecket,
sînen prîs sô hôch gestecket,
15 daz in niemen kunde erreichen,
den valscheit möhte erweichen.
sîn prîs hôch wahsen kunde,
daz die andern wâren drunde,
ûz sînes herzen kernen.
20 wie loufet ob al den sternen
der snelle Saturnus?
der triuwe ein monîzirus,
sît ich die wârheit sprechen kan,

sus was mîn erwünschet man.
25 daz tier die megede solden klagen:
ez wirt durch reinekeit erslagen.
ich was sîn herze, er was mîn lîp.
den verlôs ich vlüstebærez wîp:
in sluoc der künec Gramoflanz,
30 von dem ir vüeret disen kranz.
614 herre, ob ich iu leide sprach,
von den schulden daz geschach,
daz ich versuochen wolde,
ob ich iu minne solde
5 bieten durch iuwer werdekeit.
ich weiz wol, herre, ich sprach iu leit:
daz was durch ein versuochen.
nû sult ir des geruochen,
daz ir zorn verlieset
10 und gar ûf mich verkieset.
ir sîtz der ellens rîche.
dem golde ich iuch gelîche,
daz man liutert in der gluot:
als ist geliutert iuwer muot.
15 dem ich iuch ze schaden brâhte,
als ich denke und dô gedâhte,
der hât mir herzeleit getân.'
    dô sprach mîn her Gâwân:
'vrouwe, es enwende mich der tôt,
20 ich lêre den künec solhe nôt,
diu sîne hôchvart letzet.
mîne triuwe ich hân versetzet
gein im ûf kamph ze rîten
in kurzlîchen zîten:
25 dâ sul wir manheit urborn.
vrouwe, ich hân ûf iuch verkorn.
ob ir iu mînen tummen rât
durch zuht niht versmâhen lât,
ich riete iu wîplîch êre
30 und werdekeite lêre.
615 nû enist hie niemen denne wir:
vrouwe, nû tuot genâde an mir.'

si sprach: 'an gîsertem arm
bin ich selten worden warm.
5 dâ gein ich niht wil strîten,
ir enmeget wol zandern zîten
dienstes lôn an mir bejagen.
ich wil iuwer arbeit klagen,
unz ir werdet wol gesunt
10 über al, swâ ir sît wunt.
unz daz der schade geheile,
ûf Schastel Marveile
wil ich mit iu kêren.'
'ir welt mir vreude mêren'
15 sus sprach der minnen gernde man.
er huop die vrouwen wol getân
mit drucke an sich ûf ir phert.
des dûhte er si dâ vor niht wert,
dô er si ob dem brunnen sach
20 und si sô twirhlingen sprach.
    Gâwân reit dan mit vreude siten:
doch wart ir weinen niht vermiten,
unz er mit ir klagete.
er sprach, daz si sagete,
25 war um ir weinen wære,
daz siz durch got verbære.
si sprach: 'herre, ich muoz iu klagen
von dem, der mir hât erslagen
den werden Zidegasten.
30 des muoz mir jâmer tasten
616   inz herze, dâ diu vreude lac,
dô ich Zidegastes minne phlac.
ich enbin sô niht verdorben,
ich enhabe doch sît geworben
5 des küneges schaden mit koste
und manege scharphe tjoste
gein sînem verhe gevrumt.
waz ob mir an iu helfe kumt,
diu mich richet und ergetzet,
10 daz mir jâmerz herze wetzet?
ûf Gramoflanzes tôt

emphienc ich dienest, daz mir bôt
ein künec, der swunsches herre was.
herre, der heizet Amfortas.
15 durch minne ich nam von sîner hant
von Tabronît daz krâmgewant,
daz noch vor iuwer porten stêt,
dâ tiurez gelt engegen gêt.'
der künec in mînem dienste erwarp,
20 dâ von mîn vreude gar verdarp.
dô ich in minne solde wern,
dô muoste ich niuwes jâmers gern:
in mînem dienste erwarp er sêr.
gelîchen jâmer oder mêr,
25 als Zidegast geben kunde,
gap mir Amfortases wunde.
nû jeht, wie solde ich armez wîp,
sît ich hân getriuwen lîp,
alsolher nôt bî sinne sîn?
30 etswenne sich krenket ouch der mîn,
617 sît daz liget sô helfelôs,
den ich nâch Zidegaste erkôs
zergetzen und durch rechen.
      herre, nû hœret sprechen,
5 wâ mite erwarp Klinschor
den rîchen krâm vor iuwerm tor.
dô der klâre Amfortas
minne und vreude erwendet was,
der mir die gâbe sande,
10 dô vorhte ich die schande.
Klinschore ist stæteclîchen bî
der list von nigrômanzî,
daz er mit zouber twingen kan
beidiu wîp unde man.
15 swaz er werder diet gesiht,
die enlæt er âne kummer niht.
durch vride ich Klinschore dar
gap mînen krâm nâch rîcheit var.
swenne diu âventiure würde erliten,
20 swer den prîs hete erstriten,

an den solde ich minne suochen:
wolde er mîn niht geruochen,
der krâm wære anderstunde mîn
(der sol sus unser zweier sîn).
25 des swuoren, die dâ wâren.
dâ mite ich wolde vâren
Gramoflanzes durch den list,
der leider noch ungendet ist.
hete er die âventiure geholt,
30 sô müeste er sterben hân gedolt.
618   Klinschor ist hövesch unde wîs:
der erloupte mir durch sînen prîs
von mîner massenîe erkant
ritterschaft über al sîn lant
5 mit manegem stiche unde slage.
die ganzen wochen, alle ir tage,
al die wochen in dem jâr
sunderrotte ich hân ze vâr,
dise den tac und jene die naht:
10 mit koste ich schaden hân gedâht
Gramoflanz dem hôchgemuot.
manegen strît er mit in tuot.
waz bewart in ie dar unde?
sîns verhes ich vâren kunde.
15   die wâren ze rîche in mînen solt,
wart mir der deheiner anders holt,
nâch minne ich manegen dienen liez,
dem ich doch lônes niht gehiez.
mînen lîp gesach nie man,
20 ich enmöhte wol sîn dienest hân,
wan einer, der truoc wâpen rôt.
mîn gesinde er brâhte in nôt.
vür Lôgrois er kom geriten:
dâ entworhte er si mit solhen siten,
25 sîn hant si nider streute,
daz ich michs wênec vreute,
zwischen Lôgrois und iuwerm urvar.
mîner ritter im volcten vünfe dar:
die enschumfierte er ûf dem plân

30 und gap diu ors dem schifman.
619 dô er die mîne überstreit,
nâch dem helde ich selbe reit:
ich bôt im lant und mînen lîp.
er sprach, er hete ein schœner wîp
5 und diu im lieber wære.
diu rede was mir swære:
ich vrâcte, wer diu möhte sîn.
'von Pelrapeire diu künegîn,
sus ist genant diu lieht gemâl:
10 sô heize ich selbe Parzivâl.
ich wil iuwer minne niht:
der grâl mir anders kummers giht'
sus sprach der helt mit zorne.
hin reit der ûz erkorne.
15 hân ich dar an missetân
(welt ir mich daz wizzen lân?),
ob ich durch mîne herzenôt
dem werden ritter minne bôt,
sô krenket sich mîn minne.'
20 Gâwân zer herzoginne
sprach: 'vrouwe, ich erkenne in alsô wert,
an dem ir minne hât gegert,
hete er iuch ze minne erkorn,
iuwer prîs wære an im niht verlorn.'
25 Gâwân der kurtois
und diu herzogîn von Lôgrois
vaste an ein ander sâhen.
dô riten si sô nâhen,
daz man si von der burc ersach,
30 dâ im diu âventiure geschach.
620 dô sprach er: 'vrouwe, tuot sô wol,
ob ich iuch des biten sol,
lât mînen namen unerkant,
als mich der ritter hât genant,
5 der mir entreit Gringuljeten.
leistet, des ich iuch hân gebeten.
swer iuch des vrâgen welle,
sô sprechet ir: 'mîn geselle

ist mir des unerkennet,
10 er wart mir nie genennet.'
si sprach: 'vil gerne ich siz verdage,
sît ir niht welt, daz ichz in sage.'
er und diu vrouwe wol gevar
kêrten gein der bürge dar.
15 die ritter heten dâ vernomen,
daz dar ein ritter wære komen,
der hete die âventiure erliten
und den lewen überstriten
und den turkoiten sider
20 ze rehter tjost gevellet nider.
innen des reit Gâwân
gein dem urvar ûf den plân,
daz si in von zinnen sâhen.
si begunden vaste gâhen
25 ûz der burc mit schalle.
dô vuorten si alle
rîche baniere.
sus kômen si schiere
ûf snellen râvîten:
30 er wânde, si wolden strîten.

621   dô er si verre komen sach,
hin zer herzoginne er sprach:
'kumt jenez volc gein uns ze wer?'
si sprach: 'ez ist Klinschores her,
5 die iuwer kûme hânt erbiten.
mit vreude si koment nû geriten
und wellent iuch emphâhen.
daz darf iu niht versmâhen,
sît ez diu vreude in gebôt.'
10 nû was ouch Plipalinôt
mit sîner klâren tohter fier
komen in einem ussier.
verre ûf den plân si gein im gienc:
diu maget in mit vreude emphienc,
15 Gâwân bôt ir sînen gruoz.
si kuste im stegereif und vuoz
und emphienc ouch die herzogîn.

si nam in bî dem zoume sîn
und bat erbeizen den man.
20 diu vrouwe unde Gâwân
giengen an des schiffes ort.
ein teppech und ein kulter dort
lâgen: an der selben stete
diu herzogîn durch sîne bete
25 ze Gâwâne nider saz.
des verjen tohter niht vergaz,
si entwâpende in, sus hœre ich sagen.
ir mantel hete si dar getragen,
der des nahtes ob im lac,
30 dô er ir herberge phlac:
des was im nôt an der zît.
ir mantel und sîn kursît
legete an sich her Gâwân.
si truoc daz harnas her dan.
5   alrêst diu herzoginne klâr
nam sîns antlitzes war,
dâ si sâzen bî ein ander.
zwêne gebrâtene galander,
mit wîn ein glesîn barel
10 und zwei blankiu wastel
diu süeze maget dar nâher truoc
ûf einer tweheln wîz genuoc.
dise spîse ervlouc ein sprinzelîn.
Gâwân und diu herzogîn
15 mohtenz wazzer selbe nemen,
ob twahens wolde si gezemen,
daz si doch beidiu tâten.
mit vreude er was berâten,
daz er mit ir ezzen solde,
20 durch die er lîden wolde
beidiu vreude unde nôt.
swenne si daz barel im gebôt,
daz gerüeret hete ir munt,
sô wart im niuwe vreude kunt,
25 daz er dâ nâch solde trinken.
sîn riuwe begunde hinken

und wart sîn hôchgemüete snel.
ir süezer munt, ir liehtez vel
in sô von kummer jagete,
30 daz er neheine wunden klagete.
623 von der burc die vrouwen
dise wirtschaft mohten schouwen.
anderhalp anz urvar,
manec wert ritter kom aldar:
5 ir buhurt mit kunst wart getân.
disehalp her Gâwân
dancte dem verjen und der tohter sîn
(alsô tet ouch diu herzogîn)
ir güetlîchen spîse.
10   diu herzoginne wîse
sprach: 'war ist der ritter komen,
von dem diu tjoste wart genomen
gester, dô ich hinnen reit?
ob den iemen überstreit,
15 weder schiet daz leben oder tôt?'
dô sprach Plipalinôt:
'vrouwe, ich sach in hiute leben.
er wart mir vür ein ors gegeben:
welt ir ledegen den man,
20 dar um sol ich swalwen hân.
diu der künegîn Sekundillen was
und die iu sande Amfortas,
mac diu harphe wesen mîn,
ledec ist duc de Gôwerzîn.'
25 'die harphen undz ander krâmgewant,'
sprach si, 'wil er, mit sîner hant
mac geben und behalden,
der hie sitzet: lâts in walden.
ob ich im sô liep wart ie,
30 er lœset mir Lischoisen hie,
624 den herzogen von Gôwerzîn,
und ouch den andern vürsten mîn,
Flôranden von Îtolac.
der nahtes mîner wahte phlac,
5 er was mîn turkoite alsô,

sîns trûrens wirde ich nimmer vrô.'
Gâwân sprach zer vrouwen:
'ir muget si beide schouwen
ledec, ê daz uns kom diu naht.'
10   dô heten si sich des bedâht
und vuoren über an daz lant.
die herzoginne lieht erkant
huop Gâwân aber ûf ir phert.
manec edel ritter wert
15 emphiengen in und die herzogin.
si kêrten gein der bürge hin.
dâ wart mit vreuden geriten,
von in diu kunst niht vermiten,
daz es der buhurt hete êre.
20 waz mac ich sprechen mêre,
wan daz der werde Gâwân
und diu herzoginne wol getân
von vrouwen wart emphangen sô,
si mohtens beidiu wesen vrô,
25 ûf Schastel Marveile.
ir mugets im jehen ze heile,
daz im diu sælde ie geschach.
dô vuorte in an sîn gemach
Arnîve und die daz kunden,
30 die bewarten sîne wunden.
625   zArnîven sprach Gâwân:
'vrouwe, ich sol einen boten hân.'
ein juncvrouwe wart gesant:
diu brâhte einen sarjant,
5 manlîch, mit zühten wîse.
in sarjandes prîse
der knappe swuor des einen eit,
er würbe liep oder leit,
daz er des niemen dâ
10 gewüege noch anderswâ,
wan dâ erz werben solde.
Gâwân bat, daz man im holde
tincten unde permint.
Gâwân des künec Lôtes kint

15 schreip gevuoge mit der hant.
er enbôt ze Löver in daz lant
Artûse und des wîbe
dienst von sînem lîbe
mit triuwen unverschertet
20 und hete er prîs behertet,
der wære an werdekeite tôt,
si enhülfen im ze sîner nôt,
daz si beide an triuwe dæhten
und ze Jôflanze bræhten
25 die massenîe mit vrouwen schar,
und er kœme ouch selbe gein in dar
durch kamph ûf al sîn êre.
er enbôt im dennoch mêre,
der kamph wære alsô genomen,
30 daz er werdeclîche müeste komen.
626 dô enbôt ouch her Gâwân,
ez wære vrouwe oder man,
al der massenîe gar,
daz si ir triuwe næmen war
5 und daz si dem künege rieten komen:
daz möhte an werdekeit in gevromen.
al den werden er enbôt
sîn dienst und sîne kamphes nôt.
der brief niht insigels truoc:
10 er schreip in sus erkant genuoc
mit wârzeichen ungelogen.
    'nû ensoltûz niht langer zogen'
sprach Gâwân zem knappen sîn.
'der künec und diu künegîn
15 sint ze Bems bî der Korkâ.
die küneginne soltû dâ
sprechen eines morgens vruo.
swaz si dir râte, daz tuo
und lâz dir eine witze bî:
20 verswîc, daz ich hie herre sî.
daz dû hie massenîe sîs,
daz ensage in niht deheinen wîs.'
dem knappen was dannen gâch.

Arnîve sleich im sanfte nâch:
25 diu vrâcte in, war er wolde
und waz er werben solde.
dô sprach er: 'vrouwe, ich ensages iu niht,
ob mir mîn eit rehte giht.
got hüete iuwer, ich wil hinnen varn.'
30 er reit nâch werdeclîchen scharn.

XIII.

627   Arnîve zorn bejagete,
daz der knappe ir niht ensagete
alsus getâniu mære,
war er gesendet wære.
5 si bat den, der der porten phlac:
'ez sî naht oder tac,
sô der knappe wider rîte,
vüege, daz er mîn bîte,
unz ich in gespreche.
10 mit dîner kunst daz zeche.'
doch truoc si ûf den knappen haz.
wider în durch vrâgen baz
gienc si zer herzoginne.
diu phlac ouch der sinne,
15 daz ir munt des niht gewuoc,
welhen namen Gâwân truoc.
sîn bete hete an ir bewart,
si versweic sînen namen und sînen art.
  pusîne und ander schal
20 ûf dem palase erhal
mit vrœlîchen sachen.
manec rückelachen
in dem palase wart gehangen.
aldâ wart niht gegangen
25 wan ûf teppechen wol geworht.
ez hete ein armer wirt ervorht.
alumme an allen sîten
mit senften phlûmîten
manec gesiz dâ wart geleget,

30 dar ûf man tiure kultern treget.
628	Gâwân nâch arbeite phlac
slâfens den mitten tac.
im wâren sîne wunden
mit kunst alsô gebunden,
5 ob vriundîn wære bî im gelegen,
hete er minne gephlegen,
daz wære im senfte unde guot.
er hete ouch bezzern slâfes muot
denne snahtes, dô diu herzogin
10 an ungemache im gap gewin:
er erwachte gein der vesper zît.
doch hete er in slâfe strît
gestriten mit der minne
aber mit der herzoginne.
15 ein sîn kamerære
mit tiurem golde swære
brâhte im kleider dar getragen
von liehtem phelle, hôrte ich sagen.
dô sprach mîn her Gâwân:
20 'wir suln der kleider mêr noch hân,
diu al gelîche tiure sîn,
dem herzogen von Gôwerzîn
und dem klâren Flôrande,
der in manegem lande
25 hât gedienet werdekeit.
nû schaffet, daz diu sîn bereit.'
bî einem knappen er enbôt
sînem wirt Plipalinôt,
daz er sande im Lischoisen dar.
30 bî sîner tohter wol gevar
629	wart Lischois dar ûf gesant.
vrou Bêne brâhte in an der hant
durch Gâwânes hulde
und ouch durch die schulde:
5 Gâwân ir vater wol gehiez,
dô er si sêre weinde liez,
des tages, dô er von ir reit,
dâ prîs erwarp sîn manheit.

der turkoite was ouch komen.
10 an den beiden wart vernomen
Gâwâns emphâhen âne haz.
ieweder nider zuo zim saz,
unz man im kleider dar getruoc.
diu wâren kostenlîch genuoc,
15 daz si niht bezzer möhten sîn.
diu brâhte man in allen drîn.
ein meister hiez Sârant,
nâch dem Sêres wart genant,
der was von Trîande.
20 in Sekundillen lande
stêt ein stat, heizet Tasmê:
diust græzer danne Nînívê
oder danne diu wîte Akratôn.
Sârant durch prîses lôn
25 eins phelles dâ gedâhte
(sîn werc vil spæhe brâhte),
der heizet sârantasmê.
ob der iht rîlîchen stê?
daz muget ir âne vrâgen lân,
30 wande er muoz grôze koste hân.
630 diu selben kleider legeten an
die zwêne unde Gâwân.
    si giengen ûf den palas,
dâ einhalp manec ritter was,
5 anderhalp die klâren vrouwen.
swer rehte kunde schouwen,
von Lôgrois diu herzogîn
truoc vor ûz den besten schîn.
der wirt und die geste
10 stuonden vür si, diu dâ gleste,
diu Orgelûse was genant.
der turkoite Flôrant
und Lischois der klâre
wurden ledec âne vâre,
15 die zwêne vürsten kurtois,
durch die herzogîn von Lôgrois.
si dancte Gâwân drumme,

  gein valscheit diu tumme
  und diu herzelîche wîse
20 gein wîplîchem prîse.
  dô disiu rede geschach,
  Gâwân vier küneginne sach
  bî der herzoginne stên.
  er bat die zwêne nâher gên
25 durch sîne kurtôsîe,
  die jungeren drîe
  hiez er küssen dise zwêne.
  nû was ouch vrou Bêne
  mit Gâwân dar gegangen.
30 diu wart dâ wol emphangen.
631 der wirt niht langer wolde stên:
  er bat die zwêne sitzen gên
  ze den vrouwen, swâ si wolden.
  dô si sô tuon solden,
 5 diu bete tet in niht ze wê.
    'welhez ist Itonjê?'
  sus sprach der werde Gâwân.
  'diu sol mich bî ir sitzen lân.'
  des vrâcte er Bênen stille.
10 sît ez was sîn wille,
  si zeicte im die maget klâr.
  'diu den rôten munt, daz brûne hâr
  dort treget bî liehten ougen,
  welt ir si sprechen tougen,
15 daz tuot gevuoclîche'
  sprach vrou Bêne diu zühte rîche.
  diu wesse Itonjê minnen nôt
  und daz ir herze dienest bôt
  der werde künec Gramoflanz
20 mit ritterlîchen triuwen ganz.
  Gâwân saz nider zuo der maget.
  ich sage iu, daz mir wart gesaget:
  sîner rede er dâ begunde
  mit vuogen, wande erz kunde.
25 ouch kunde si gebâren,
  daz von sô kurzen jâren,

als Itonjê diu junge truoc,
den hete si zühte gar genuoc.
er hete sich vrâgens gein ir bewegen,
30 ob si noch minne kunde phlegen.
632 dô sprach diu maget mit sinnen:
'herre, wen solde ich minnen?
sît mir mîn êrster tac erschein,
sô wart ritter nie dehein,
5 ze dem ich ie gespræche wort,
wan als ir hiute hât gehôrt.'
'sô möhten iu doch mære komen,
wâ ir mit manheit hât vernomen
bejageten prîs mit ritterschaft
10 und wer mit herzenlîcher kraft
nâch minnen dienest bieten kan'
sus sprach mîn her Gâwân.
des antwurte im diu klâre maget:
'nâch minne ist dienest mich verdaget.
15 wan der herzogîn von Lôgrois
dient manec ritter kurtois
beidiu nâch minne und um ir solt.
der hât maneger hie geholt
tjostieren, dâ wirz sâhen.
20 ir deheiner nie sô nâhen
kom, als ir uns komen sît.
den prîs ûf hœhet iuwer strît.'
er sprach zer megede wol gevar:
'war krieget der herzoginne schar,
25 sus manec ritter ûz erkorn?
wer hât ir hulde verlorn?'
si sprach: 'daz hât der künec Gramoflanz,
der der werdekeite kranz
treget, als im diu volge giht.
30 herre, des erkenne ich anders niht.'
633 dô sprach mîn her Gâwân:
'ir sult sîn vürbaz künde hân,
sît er sich prîse nâhet
und des mit willen gâhet.
5 von sînem munde ich hân vernomen,

daz er herzenlîche ist komen
mit dienst, ob irs geruochet,
sô daz er helfe suochet
durch trôst an iuwer minne.
10 künec durch küneginne
sol billîche emphâhen nôt.
vrouwe, hiez iuwer vater Lôt,
sô sît irz, die er meinet,
nâch der sîn herze weinet,
15 und heizet ir Itonjê,
sô tuot ir im von herzen wê.
ob ir triuwe kunnet tragen,
sô sult ir wenden im sîn klagen:
beidenthalp wil ich des bote sîn.
20 vrouwe, nemt diz vingerlîn:
daz sande iu der klâre.
ouch wirbe ichz âne vâre:
vrouwe, daz lât al balde an mich.'
si begunde al rôt verwen sich:
25 als ê was gevar ir munt,
wart al dem antlitze kunt.
dar nâch schier wart si anders var.
si greif al blûclîche dar:
daz vingerlîn wart schiere erkant.
30 si emphienc ez mit ir klâren hant.

634   dô sprach si: 'herre, ich sihe nû wol,
ob ich sô vor iu sprechen sol,
daz ir von im rîtet,
nâch dem mîn herze strîtet.
5 ob ir der zuht ir reht nû tuot,
herre, diu lêrt iuch helden muot:
disiu gâbe ist mir ouch ê gesant
von des werden küneges hant.
von im saget wâr diz vingerlîn:
10 er emphienc ez von der hende mîn.
swaz er kummers ie gewan,
dâ bin ich gar unschuldec an,
wan sînen lîp hân ich gewert
mit gedanken, swes er an mich gert.

15 er hete schiere daz vernomen,
möhte ich immer vürbaz komen.
Orgelûsen ich geküsset hân,
diu sînen tôt sus werben kan.
daz was ein kus, den Jûdas truoc,
20 dâ von man sprichet noch genuoc.
elliu triuwe an mir verswant,
daz der turkoite Flôrant
und der herzoge von Gôwerzîn
von mir geküsset solden sîn.
25 mîn suone wirt in doch nimmer ganz,
die gein dem künege Gramoflanz
mit stæte ir hazzen kunnen tragen.
mîne muoter sult ir daz verdagen
und mîne swester Kundrîê.'
30 des bat Gâwân Itonjê.

635 'herre, ir bâtet mich alsus,
daz ich emphâhen müeste ir kus,
doch unverkorn, an mînen munt:
des ist mîn herze ungesunt,
5 wirt uns zwein immer vreude erkant,
diu helfe stêt in iuwer hant.
vür wâr der künec mînen lîp
minnet vür elliu wîp:
des wil ich in geniezen lân.
10 ich bin im holt vür alle man.
got lêre iuch helfe unde rât,
sô daz ir uns bî vreuden lât.'
    dô sprach er: 'vrouwe, nû lêrt mich wie.
er hât iuch dort, ir habet in hie
15 und sît doch underscheiden.
möhte ich nû wol iu beiden
mit triuwen solhen rât gegeben,
des iuwer werdeclîchez leben
genüzze, ich woldez werben.
20 des enlieze ich niht verderben.'
si sprach: 'ir sult gewaldec sîn
des werden küneges unde mîn.
iuwer helfe und der gotes segen

müeze unser zweier minne phlegen,
25 sô daz ich ellende
im sînen kummer wende,
sît al sîn vreude stêt an mir.
swenne ich untriuwe enbir,
sôst immer mînes herzen ger,
30 daz ich in mîner minne wer.'
636 Gâwân hôrte an dem vrouwelîn,
daz si bî minne wolde sîn:
dar zuo was ouch niht ze laz
gein der herzoginne ir haz.
5 sus truoc si minne unde haz.
ouch hete er sich gesündet baz
gein der einvaltegen maget,
diu im ir kummer hât geklaget,
wande er ir niht zuo gewuoc,
10 daz in und si ein muoter truoc:
ouch was ir beider vater Lôt.
der megede er sîne helfe bôt:
dâ engein si tougenlîchen neic,
daz er si trœsten niht versweic.
15   nû was ouch zît, daz man dar truoc
tischlachen manegez wîz genuoc
undz brôt ûf den palas,
dâ manec klâriu vrouwe was.
daz hete ein underscheit erkant,
20 daz die ritter eine want
heten sunder dort hin dan.
den sedel schuof her Gâwân,
der turkoite zuo zim saz.
Lischois mit Gâwâns muoter az,
25 der klâren Sangîven.
mit der künegîn Arnîven
az diu herzoginne klâr.
sîne swester beide wol gevar
Gâwân zuo zim sitzen liez:
30 iewederiu tet, als er si hiez.
637 mîn kunst mir des niht halbes giht,
ich enbin solh küchenmeister niht,

daz ich die spîse künne sagen,
diu dâ mit zuht wart vür getragen.
5 dem wirte und den vrouwen gar
dienden megede wol gevar,
anderhalp den rittern an ir want
den diende manec sarjant.
ein vorhtlîch zuht si des betwanc,
10 daz sich der knappen keiner dranc
mit den juncvrouwen:
man muoste si sunder schouwen,
si trüegen spîse oder wîn.
sus muosten si mit zühten sîn.
15 si mohten dô wol wirtschaft jehen:
ez was in selten ê geschehen,
den vrouwen und der ritterschaft.
sît si Klinschores kraft
mit sînen listen überwant,
20 si wâren ein ander unbekant
und beslôz si doch ein porte,
daz si ze gegenworte
nie kômen, vrouwen noch die man.
dô schuof mîn her Gâwân,
25 daz diz volc ein ander sach,
dar an in liebes vil geschach.
Gâwâne was ouch liep geschehen,
doch muoste er tougenlîchen sehen
an die klâren herzoginne:
30 diu twanc sîns herzen sinne.

638   nû begunde ouch strûchen der tac,
daz sîn schîn vil nâch gelac
und daz man durch diu wolken sach,
des man der naht ze boten jach,
5 manegen stern, der balde gienc,
wande er der naht herberge vienc.
nâch der naht baniere
kom si selbe schiere.
manec tiuriu krône
10 was gehangen schône
alumme ûf den palas,

diu schiere wol bekerzet was.
ûf al die tische sunder
truoc man kerzen dar ein wunder.
15 dar zuo diu âventiure giht,
diu herzoginne wære sô lieht,
wære der kerzen keiniu brâht,
dâ wære doch ninder bî ir naht:
[ir blic wol selbe kunde tagen.
20 sus hôrte ich von der süezen sagen.]
man welle im unrehtes jehen,
sô habet ir selten ê gesehen
deheinen wirt sô vreuden rîch.
ez was den vreuden dâ gelîch:
25 alsus mit vreudehafter ger
die ritter dar, die vrouwen her
dicke an ein ander blicten.
die von der vremde erschricten,
werdent si immer heimlîcher baz,
30 daz sol ich lâzen âne haz.
639   ez ensî denne gar ein vrâz,
welt ir, si habent genuoc dâ gâz.
man truoc die tische gar her dan.
dô vrâcte mîn her Gâwân
5 um guote videlære.
ob der dâ keiner wære?
dâ was werder knappen vil,
wol gelêrt ûf seitspil.
ir enkeines kunst was doch sô ganz,
10 si enmüesten strîchen alden tanz:
niuwer tenze was dâ wênec vernomen,
der uns von Düringen vil ist komen.
nû danket es dem wirte:
ir vreude er si niht irte.
15 manec vrouwe wol gevar
giengen vür in tanzen dar.
sus wart ir tanz gezieret,
wol underparrieret
die ritter underz vrouwen her.
20 gein der riuwe kômen si ze wer.

ouch muoste man dâ schouwen
ie zwischen zwein vrouwen
einen klâren ritter gên.
man mohte vreude an in verstên:
25 swelh ritter phlac der sinne,
daz er dienest bôt nâch minne,
diu bete was urlouplîch.
die sorgen arm und die vreuden rîch
mit rede vertriben die stunde
30 gein manegem süezen munde.
640   Gâwân und Sangîve
und diu künegîn Arnîve
sâzen stille bî des tanzes schar.
diu herzoginne wol gevar
5 her um ze Gâwân sitzen gienc:
ir hant er in die sîne emphienc,
si sprâchen sus unde sô.
ir komens was er zuo zim vrô:
sîn riuwe smal und sîn vreude breit
10 wart dô. sus swant im al sîn leit.
was ir vreude am tanze grôz,
Gâwân noch minner hie verdrôz.
diu künegîn Arnîve sprach:
'herre, nû prüevet iuwer gemach.
15 ir soldet an disen stunden
ruowen ziuwern wunden.
hât sich diu herzogîn bewegen,
daz si iuwer wil mit decke phlegen
noch hînte geselleclîche?
20 diust helfe und râtes rîche.'
Gâwân sprach: 'des vrâget sie.
in iuwer beider gebote ich hie
gar bin.' sus sprach diu herzogîn:
'er sol in mîner phlege sîn.
25 lât diz volc slâfen varn.
ich sol in hînte sô bewarn,
daz sîn nie vriundîn baz gephlac.
Flôranden von Îtolac
und den herzogen von Gôwerzîn

30 lât in der ritter phlege sîn.’

641　　dar nâch schiere ein ende nam der tanz:
juncvrouwen mit varwen glanz
sâzen dort unde hie,
die ritter sâzen zwischen sie.
5 des vreude sich an sorgen rach,
swer dâ nâch werder minne sprach,
ob er vant süeziu gegenwort.
von dem wirte wart gehôrt,
man soldez trinken vür in tragen.
10 daz mohten werbære klagen:
der wirt warp mit den gesten.
in kunde ouch minne lesten:
ir sitzen dûhte in gar ze lanc.
sîn herze ouch werdiu minne twanc.
15 daz trinken gap in urloup.
manegen kerzînen schoup
truogen knappen vor den rittern dan.
dô bevalh mîn her Gâwân
dise zwêne geste in allen.
20 daz muoste in wol gevallen.
Lischois und Flôrant
vuoren slâfen al zehant.
diu herzogîn was sô bedâht,
diu sprach, si gunde in guoter naht.
25 dô vuor ouch al der vrouwen schar,
dâ si gemaches nâmen war:
ir nîgens si begunden
mit zuht, die si wol kunden.
Sangîve und Itonjê
30 vuoren dan, als tet ouch Kundrîê.

642　　Bêne und Arnîve dô
schuofen, daz ez stuont alsô,
dâ von der wirt gemach erleit.
diu herzogîn daz niht vermeit,
5 dâ enwære ir helfe nâhe bî.
Gâwânen vuorten dise drî
mit in dan durch sîn gemach.
in einer kemenâten er ersach

zwei bette sunder ligen.
10 nû wirt iu gar von mir verswigen,
wie diu gehêret wæren:
ez næhet andern mæren.
    Arnîve zer herzoginne sprach:
'nû sult ir schaffen guot gemach
15 disem ritter, den ir brâhtet her.
ob der helfe an iu ger,
iuwer helfe habet ir êre.
ich ensage iu nû niht mêre,
wan daz sîne wunden
20 mit kunst sô sint gebunden,
er möhte nû wol wâpen tragen.
doch sult ir sînen kummer klagen:
ob ir im senftet, daz ist guot.
lêret ir in hôhen muot,
25 des muge wir alle geniezen:
nû lâts iuch niht verdriezen.'
diu künegîn Arnîve gienc,
dô si ze hove urloup emphienc:
Bêne ein lieht vor ir truoc dan.
30 die tür beslôz her Gâwân.
643   kunnen si zwei nû minne steln,
daz mac ich unsanfte heln.
ich sage vil lîhte, daz dâ geschach,
wan daz man dem unvuoge ie jach,
5 der verholniu mære machte breit.
ez ist ouch noch den höveschen leit:
ouch unsæleget er sich dâ mite.
zuht sî des slôz ob minne site.
    nû vuocte diu strenge minne
10 und diu klâre herzoginne,
daz Gâwâns vreude was verzert.
er wære immer ungewert
sunder âmîen.
die philosophîen
15 und alle, die ie gesâzen,
dâ si starke liste mâzen,
Kankor und Têbit

unde Trebuchet der smit,
der Frimutels swert ergruop,
20 dâ von sich starkez wunder huop,
dar zuo al der arzâte kunst,
ob si im trüegen guote gunst,
mit temperîe ûz würze kraft,
âne wîplîch geselleschaft
25 sô müeste er sîne scharphe nôt
hân brâht unz an den sûren tôt.
ich wil iuz mære machen kurz.
er vant die rehten hirzwurz,
diu im half, daz er genas,
30 sô daz im arges niht enwas:

644   diu wurz was bî dem blanken brûn.
muoterhalp der Bertûn,
Gâwân fil li roi Lôt,
süezer senfte vür sûre nôt
5 er mit werder helfe phlac
helfeclîche unz an den tac.
sîn helfe was doch sô gedigen,
daz ez al daz volc was verswigen.
sît nam er mit vreuden war
10 al der ritter und der vrouwen gar,
sô daz ir trûren vil nâch verdarp.
   nû hœrt ouch, wie der knappe warp,
den Gâwân hête gesant
hin ze Löver in daz lant,
15 ze Bems bî der Korkâ.
der künec Artûs was aldâ
und des wîp, diu künegîn,
und maneger vrouwen liehter schîn
und der werden massenîe ein vluot.
20 nû hœrt ouch, wie der knappe tuot.
diz was eines morgens vruo:
sîner botschefte greif er zuo.
diu künegîn zer kappeln was,
an ir venje si den salter las,
25 der knappe vür si kniete.
er bôt ir vreuden miete:

einen brief si nam ûz sîner hant,
dar an si geschriben vant
schrift, die si bekande.
30 ê sînen herren nande
645 der knappe, den si knien dâ sach,
diu künegîn zem brieve sprach:
'ô wol der hant, diu dich schreip!
âne sorge ich nie beleip
5 sît des tages, daz ich sach
die hant, von der diu schrift geschach.'
si weinde sêre und was doch vrô.
hin zem knappen sprach si dô:
'dû bist Gâwânes kneht.'
10 'jâ, vrouwe! der enbiutet iu sîn reht,
dienstlîche triuwe âne allen wanc
und dâ bî sîne vreude kranc,
ir enwelt im vreude machen hôch.
sô kummerlîch ez sich gezôch
15 nie um al sîn êre.
vrouwe, er enbiutet iu mêre,
daz er mit werden vreuden lebe,
und vreischet er iuwers trôstes gebe.
ir muget wol an dem brieve sehen
20 mêr, denne ichs iu künne jehen.'
si sprach: 'ich hân vür wâr erkant,
durch waz dû zuo mir bist gesant.
ich tuon im werden dienest dar
mit wünneclîcher vrouwen schar,
25 die vür wâr bî mîner zît
an prîse vor ûz hânt den strît.
âne Parzivâles wîp
und âne Orgelûsen lîp
sô enerkenne ich ûf der erde
30 bî toufe keine sô werde.
646 daz Gâwân von Artûse reit,
sît hât sorge unde leit
mit krache ûf mich geleget ir vlîz.
mir sagete Meljanz von Lîz,
5 er sæhe in sît ze Barbigôl.

ouwî,’ sprach si, ‘Plimizôl,
daz dich mîn ouge ie gesach!
waz mir doch leides dâ geschach!
Kunnewâre de Lalant
10 wart mir nimmer mêr bekant,
mîn süeziu werdiu gespil.
tavelrunder wart dâ vil
mit rede ir reht gebrochen.
vünftehalp jâr und sehs wochen
15 ist, daz der werde Parzivâl
von dem Plimizôl nâch dem grâl
reit. dô kêrte ouch Gâwân
gein Askalûn, der werde man.
Jeschûte und Ekubâ
20 schieden sich von mir aldâ.
grôz jâmer nâch der werden diet
mich sît von stæten vreuden schiet.’
diu künegîn trûrens vil verjach.
    hin zem knappen si dô sprach:
25 ‘nû volge mîner lêre.
verholne von mir kêre,
unz sich erhebe hôch der tac,
daz daz volc ze hove wesen mac,
ritter, sarjande,
30 diu grôze mahinande.
647 ûf den hof dû balde drabe.
enruoche, ob dîn runzît iemen habe:
dâ von soltû balde gên,
aldâ die werden ritter stên.
5 die vrâgent dich âventiure:
als dû gâhes ûz einem viure,
gebâre mit rede und ouch mit siten.
von in vil kûme wirt gebiten,
waz dû mære bringes:
10 waz wirret, ob dû dich dringes
durchz volc unz an den rehten wirt?
der gein dir grüezen niht verbirt,
disen brief gip im in die hant,
dar an er schiere hât erkant

15 dîniu mære und dîns herren ger.
des ist er mit der volge wer.
noch mêr wil ich lêren dich:
offenlîche soltû sprechen mich,
dâ ich und ander vrouwen
20 dich hœren unde schouwen.
dâ wirp um uns, als dû wol kans,
ob dû dînem herren guotes gans.
und sage mir, wâ ist Gâwân?'
der knappe sprach: 'daz wirt verlân.
25 ich sage iu niht, wâ mîn herre sî.
welt ir, er belîbet vreuden bî.'
    der knappe was ir râtes vrô:
von der künegîn er dô
schiet, als ir wol habet vernomen,
30 und kom ouch, als er solde komen,

648   rehte um den mitten morgen.
offenlîche und unverborgen
ûf den hof der knappe reit.
die höveschen pruovten sîniu kleit
5 wol nâch knappelîchen siten.
ze beiden sîten was versniten
daz ors mit sporn sêre.
nâch der künegîn lêre
er balde von dem orse spranc.
10 um in huop sich grôz gedranc:
kappe, swert unde sporn
undz ors, wurden diu verlorn,
dâ kêrte er sich wênec an.
der knappe huop sich balde dan,
15 dâ die werden ritter stuonden,
die vrâgen in begunden
von âventiure mære.
si jehent, daz reht dâ wære,
ze hove az weder wîp noch man,
20 ê der hof sîn reht gewan,
âventiur sô werdeclîch,
diu âventiure wære gelîch.
der knappe sprach: 'ich ensage iu niht.

mîn unmuoze mir des giht.
25 daz sult ir mir durch zuht vertragen
und ruocht mir von dem künege sagen:
den hete ich gerne gesprochen ê.
mir tuot mîn unmuoze wê.
ir vreischt wol, waz ich mære sage:
30 got lêre iuch helfe und kummers klage.'
649   diu botschaft den knappen twanc,
daz er enruochte, wer in dranc,
unz in der künec selbe sach,
der sîn grüezen gein im sprach.
5 der knappe gap im einen brief,
der Artûse in sîn herze rief,
dô er von im wart gelesen,
dô muoste er bî beiden wesen,
daz eine was vreude undz ander klage.
10 er sprach: 'wol disem süezen tage,
bî des liehte ich hân vernomen,
mir sint diu wâren mære komen
um mîner werden swester sun.
kan ich manlîch dienest tuon,
15 durch sippe und durch geselleschaft,
ob triuwe an mir gewan ie kraft,
sô leiste ich, daz mir Gâwân
hât enboten, ob ich kan.'
hin zem knappen sprach er dô:
20 'nû sage mir, ist Gâwân vrô?'
'jâ, herre, ob ir wellet,
zer vreude er sich gesellet'
sus sprach der knappe wîse.
'er schiede gar von prîse,
25 ob ir in liezet under wegen:
wer solde ouch dâ bî vreuden phlegen?
iuwer trôst im zucket vreude enbor:
unz ûzerhalp der riuwe tor
von sînem herzen kummer jaget,
30 daz ir an im iht sît verzaget.
650   mîn herre enbôt sîn dienst dâ her
der künegîn, ouch ist sîn ger,

daz al der tavelrunder schar
sînes dienstes nemen war,
5 daz si an triuwe denken
und im vreude niht verkrenken,
sô daz si iu komen râten.’
al die werden des dâ bâten.
Artûs sprach: ‘trûtgeselle mîn,
10 trac disen brief der künegîn,
lâz si dran lesen unde sagen,
wes wir uns vreuen und waz wir klagen.
daz der künec Gramoflanz
hôchvart mit lôsheite ganz
15 gein mînem künne bieten kan!
er wænt, mîn neve Gâwân
sî Zidegast, den er sluoc,
dâ von er kummers hât genuoc.
ich sol im kummer mêren
20 und niuwen site lêren.’
der knappe kom gegangen,
dâ er wart wol emphangen.
er gap der künegîn den brief.
des manec ouge über lief,
25 dô ir süezer munt gelas
al, daz dar an geschriben was,
Gâwâns klage und werben.
dô enliez ouch niht verderben
der knappe zal den vrouwen warp,
30 dar an sîn kunst niht verdarp.
651 Gâwâns mâc, der rîche
Artûs warp herzenlîche
zer massenîe dise vart.
vor sûmen hete ouch sich bewart
5 Ginôver, diu kurteise
warp zen vrouwen dise stolzen reise.
Keie sprach in sînem zorn:
‘wart aber ie sô werder man geborn,
getorste ich des gelouben hân,
10 sô von Norwæge Gâwân,
ziu dar nâher! holt in dâ!

sôst er lîhte anderswâ.
wil er wenken als ein eichorn,
ir muget in schiere hân verlorn.'
15 der knappe sprach zer künegîn:
'vrouwe, gein dem herren mîn
muoz ich balde kêren:
werpt sîn dinc nâch iuwern êren.'
zeinem ir kameræere si sprach:
20 'schaffe disem knappen guot gemach.
sîn ors soltû schouwen:
sî daz mit sporn verhouwen,
gip imz beste, daz hie veile sî.
wone im ander kummer bî,
25 ez sî phantlôse oder kleit,
des sol er alles sîn bereit.'
si sprach: 'nû sage Gâwân,
im sî mîn dienest undertân.
urloup ich dir zem künege nim:
30 dînem herren sage ouch dienst von im.'
652   nû warp der künec sîne vart.
des wart der tavelrunder art
des tages aldâ volrecket.
ez hete in vreude erwecket,
5 daz der werde Gâwân
dennoch sîn leben solde hân:
des wâren si innen worden.
der tavelrunder orden
wart dâ begangen âne haz.
10 der künec ob tavelrunder az
und die dâ sitzen solden.
die prîs mit arbeit holden,
al die tavelrunderære
genuzzen dirre mære.
15   nû lât den knappen wider komen,
von dem diu botschaft sî vernomen.
der huop sich dan ze rehter zît.
der künegîn kameræere im gît
phantlôse, ors und ander kleit.
20 der knappe dan mit vreuden reit,

wande er an Artûse erwarp,
dâ von sîns herren sorge erstarp.
er kom wider in solhen tagen,
des ich vür wâr niht kan gesagen,
25 ûf Schastel Marveile.
Arnîve wart diu geile,
wande ir der portenære enbôt,
der knappe wære mit sorses nôt
balde wider gestrichen.
30 gein dem si kom geslichen,
653 aldâ der în verlâzen wart.
si vrâcte in um sîne vart,
war nâch er ûz wære geriten.
der knappe sprach: 'daz wirt vermiten,
5 vrouwe. ich entars iu niht gesagen,
ich muoz ez durch mînen eit verdagen.
ez wære ouch mînem herren leit,
bræche ich mit mæren mînen eit:
des diuhte ich iuch der tumme.
10 vrouwe, vrâct in selben drumme.'
si spiltez mit vrâge an manegen ort.
der knappe sprach et disiu wort:
'vrouwe, ir sûmt mich âne nôt:
ich leiste, daz mir der eit gebôt.'
15 er gienc, dâ er sînen herren vant.
der turkoite Flôrant
und der herzoge von Gôwerzîn
und von Lôgrois diu herzogîn
saz dâ mit grôzer vrouwen schar.
20 der knappe gienc ouch zuo zin dar.
ûf stuont mîn her Gâwân,
er nam den knappen sunder dan
und bat in willekomen sîn.
er sprach: 'sage an, geselle mîn,
25 eintweder vreude oder nôt
oder swaz man mir von hove enbôt.
vünde dû den künec dâ?'
der knappe sprach: 'herre, jâ!
ich vant den künec und des wîp

30 und manegen werdeclîchen lîp.
654	si enbietent iu dienest und ir komen.
iuwer botschaft wart von in vernomen
alsô werdeclîche,
daz arme unde rîche
5 sich vreuten, wande ich tet in kunt,
daz ir noch wæret wol gesunt.
ich vant dâ hers ein wunder,
ouch wart diu tavelrunder
besetzet durch iuwer botschaft.
10 ob ritters prîs gewan ie kraft,
ich meine an werdekeite,
die lenge und ouch die breite
treget iuwer prîs die krône
ob andern prîsen schône.'
15 er sagete im ouch, wie daz geschach,
daz er die küneginne sprach,
und waz im diu mit triuwen riet.
er sagete im ouch von al der diet,
von rittern und von vrouwen,
20 daz er si möhte schouwen
ze Jôflanze vor der zît,
ê würde sînes kamphes strît.
Gâwâns sorge gar verswant:
niht wan vreude er im herzen vant.
25 [Gâwân ûz sorgen in vreude trat.
den knappen erz verswîgen bat.]
al sîner sorge er gar vergaz.
er gienc hin wider unde saz
und was mit vreuden dâ ze hûs,
30 unz daz der künec Artûs
655	mit her in sîne helfe reit.
nû hœret liep unde leit.
Gâwân was zallen zîten vrô.
eins morgens vuoctez sich alsô,
5 daz ûf dem rîchen palas
manec ritter unde vrouwe was.
in ein venster gein dem phlûm
nam er im sunder einen rûm,

dâ er und Arnîve saz,
10 diu vremder mære niht vergaz.
Gâwân sprach zer künegîn:
'ouwî, liebiu vrouwe mîn,
wolde iuch des niht betrâgen,
daz ich iuch müeste vrâgen
15 von sus getânen mæren,
diu mich verswigen wæren!
wan daz ich von iuwer helfe gebe
alsus mit werden vreuden lebe,
getruoc mîn herze ie mannes sin,
20 den hete diu edel herzogin
mit ir gewalt beslozzen.
nû hân ich iuwer genozzen,
daz mir gesenftet ist diu nôt.
minne und wunden wære ich tôt,
25 wan daz iuwer helfeclîcher trôst
mich ûz banden hât erlôst.
von iuwer schult hân ich den lîp.
nû saget mir, sældehaftez wîp,
um wunder, daz hie was und ist,
30 durch waz sô strengeclîchen list
656   der wîse Klinschor hete erkorn.
wan ir, ich hetes den lîp verlorn.'
    diu herzenlîche wîse
(mit sô wîplîchem prîse
5 kom jugent in daz alter nie)
sprach: 'herre, sîniu wunder hie
sint dâ engein kleiniu wunderlîn,
wider den starken wundern sîn,
die er hât in manegen landen.
10 swer uns des giht ze schanden,
der wirbet niht wan sünde mite.
herre, ich sage iu sînen site:
derst maneger diete worden sûr.
sîn lant heizt Terre de Labûr.
15 von des nâchkomen er ist erborn,
der ouch vil wunders hete erkorn,
von Nâpels Virgîljus.

Klinschor des neve warp alsus.
Kâps was sîn houbetstat.
20 er trat in prîse sô hôhen phat,
an prîse was er unbetrogen.
von Klinschor dem herzogen
sprâchen wîp unde man,
unz er schaden sus gewan.
25 Sizilje hete ein künec wert:
der was geheizen Gîbert,
Îblis hiez sîn wîp.
diu truoc den minneclîchsten lîp,
der ie von brüste wart genomen.
30 in der dienest was er komen,
unz sis mit minnen lônde,
dar um der künec in hônde.
muoz ich iu sîniu tougen sagen,
des sol ich iuwern urloup tragen:
5 doch sint diu selben mære
mir ze sagene ungebære,
wâ mit er kom in zoubers site.
zeinem kapûne mit einem snite
wart Klinschor gemachet.'
10 des wart aldâ gelachet
von Gâwâne sêre.
    si sagete im dennoch mêre:
'ûf Kalotembolot
erwarp er der werlde spot:
15 daz ist ein burc veste erkant.
der künec bî sînem wîbe in vant:
Klinschor slief an ir arme.
lac er dâ iht warme,
daz muoste er sus verphenden:
20 er wart mit küneges henden
zwischen den beinen gemachet sleht.
des dûhte den wirt, ez wære sîn reht.
der besneit in an dem lîbe,
daz er deheinem wîbe
25 mac ze schimphe niht gevromen.
des ist vil liute in kummer komen.

ez ist niht daz lant ze Persiâ:
ein stat heizet Persidâ,
dâ êrste zouber wart erdâht.
30 dâ vuor er hin und hât dan brâht,
658   daz er wol schaffet, swaz er wil,
mit listen zouberlîchiu zil.
durch die schame an sînem lîbe
wart er manne noch wîbe
5 guotes willen nimmer mêr bereit.
ich meine, die tragent werdekeit,
swaz er den vreuden mac genemen,
des kan von herzen in gezemen.
ein künec der hiez Îrôt,
10 der ervorhte im die selben nôt,
von Rosche Sabînes.
der bôt im des sînes
ze gebene, swaz er wolde,
daz er vride haben solde.
15 Klinschor emphienc von sîner hant
disen berc veste erkant
und an der selben zîle
alumme ehte mîle.
Klinschor dô worhte ûf disen berc,
20 als ir wol seht, diz spæhe werc.
aller rîcheite sunder
sint hie ûf starkiu wunder.
wolde man der bürge vâren,
spîse ze drîzec jâren
25 wære hie ûfe manecvalt.
er hât ouch aller der gewalt,
mal unde bêâ schent,
die zwischen dem firmament
wonent und der erden zil,
30 niht wan die got beschermen wil.
659   herre, sît iuwer starkiu nôt
ist worden wendec âne tôt,
sîn gâbe stêt in iuwer hant:
dise burc und diz gemezzen lant,
5 er enkêrt sich nimmer mêr nû dran.

er solde ouch vride von im hân,
des jach er offenbâre
(er ist mit rede der wâre),
swer dise âventiure erlite,
10 daz dem sîn gâbe wonte mite.
swaz er gesach der werden
ûf kristenlîcher erden,
ez wære maget, wîp oder man,
der ist iu hie vil undertân:
15 manec heiden und heidenîn
muoste ouch bî uns hie ûfe sîn.
nû lât diz volc wider komen,
dâ nâch uns sorge sî vernomen.
ellende vrumt mirz herze kalt.
20 der die sterne hât gezalt,
der müeze iuch helfe lêren
und uns gein vreuden kêren.
    ein muoter ir vruht gebirt,
diu vruht sîner muoter muoter wirt:
25 von dem wazzer kumt daz îs,
daz læt denne niht deheinen wîs,
daz wazzer enkome ouch wider von im.
swenne ich gedanke an mich nim,
daz ich ûz vreuden bin erborn,
30 wirt vreude noch an mir erkorn,
660   dâ gît ein vruht die andern vruht.
diz sult ir vüegen, habet ir zuht.
ez ist lanc, daz mir vreude entviel.
von segel balde gêt der kiel:
5 der man ist sneller, der drûfe gêt.
ob ir diz bîspel verstêt,
iuwer prîs wirt hôch und snel.
ir muget uns vreude machen hel,
daz wir vreude vüeren in manegiu lant,
10 dâ nâch uns sorge wart erkant.
etswenne ich vreuden phlac genuoc:
ich was ein wîp, diu krône truoc,
ouch truoc mîn tohter krône
vor ir landes vürsten schône.

15 wir heten beide werdekeit.
herre, ich engeriet nie mannes leit:
beidiu wîp unde man
kunde ich wol nâch ir rehte hân.
erkennen unde schouwen
20 zeiner rehten volkes vrouwen
muoste man mich, ruochtes got,
wande ich nie manne missebôt.
nû sol ein ieslîch sælec wîp,
ob si wil tragen werden lîp,
25 erbietenz guoten liuten wol:
si kumt vil lîhte in kummers dol,
daz ir ein swacher garzûn
enger vreude gæbe wîten rûm.
herre, ich hân lange hie gebiten:
30 niemen geloufen noch geriten

661 kom her, der mich erkande,
der mir sorgen wande.'
dô sprach mîn her Gâwân:
'vrouwe, muoz ich mîn leben hân,
5 sô wirt noch vreude an iu vernomen.'
des selben tages solde ouch komen
mit her Artûs der Bertûn,
der klagenden Arnîven sun,
durch sippe und durch triuwe.
10 manege banier niuwe
sach Gâwân gein im trecken,
mit rottez velt verdecken
von Lôgrois die strâzen her
mit manegem lieht gemâlem sper.
15 Gâwâne tet ir komen wol.
swer samenunge warten sol,
den lêrt sûmen den gedanc:
er vürht, sîn helfe werde kranc.
Artûs Gâwâne den zwîvel brach.
20 âvoi, wie man den komen sach!
Gâwân sich hal des tougen,
daz sîniu liehten ougen
weinen muosten lernen.

zeiner zisternen
25 wâren si beidiu dô enwiht,
wan si habeten swazzers niht.
von der liebe was daz weinen,
daz Artûs kunde erscheinen.
von kinde hete er in erzogen:
30 ir beider triuwe unerlogen
662 stuont gein ein ander âne wanc,
daz si nie valsch underswanc.
Arnîve wart des weinens innen.
si sprach: 'herre, ir sult beginnen
5 vreude mit vreuden schalle:
herre, daz trœstet uns alle.
gein der riuwe sult ir sîn ze wer.
hie kumt der herzoginne her:
daz trœstet iuch vürbaz schiere.'
10 herberge, baniere
sach Arnîve und Gâwân
manege vüeren ûf den plân,
bî den allen niht wan einen schilt,
des wâpen wâren sus gezilt,
15 daz in Arnîve erkande.
Îsâjesen si nande,
den marschalc Utepandragûn:
den vuorte ein ander Bertûn,
mit den schœnen schenkeln Maurîn,
20 der marschalc der künegîn.
Arnîve wesse wênec des:
Utepandragûn und Îsâjes
wâren beide erstorben,
Maurîn hete erworben
25 sîns vater ammet, daz was reht.
    gein dem urvar ûf dem anger sleht
reit diu grôze mahinande.
der vrouwen sarjande
herberge nâmen,
30 die vrouwen wol gezâmen,
663 bî einem klâren snellen bach,
dâ man schiere ûf geslagen sach

    manec zelt wol getân.
    dem künege sunder dort hin dan
5 wart manec wîter rinc genomen
    und rittern, die dâ wâren komen.
    die heten âne vrâge
    ûf ir reise grôze slâge.
    Gâwân bî Bênen hin abe enbôt
10 sînem wirt Plipalinôt,
    kocken, ussiere,
    daz er die slüzze schiere,
    sô daz vor sîner übervart
    daz her des tages wære bewart.
15 vrou Bêne ûz Gâwâns hende nam
    die êrsten gâbe ûz sînem rîchen krâm,
    swalwen, diu noch zEngellant
    zeiner tiuren harphen ist erkant.
    Bêne vuor mit vreuden dan.
20 dô hiez mîn her Gâwân
    besliezen die ûzern porten:
    alde und junge hôrten,
    wes er si zühteclîchen bat.
    'dâ anderhalben an den stat
25 sich leget ein alsô grôzez her,
    weder ûf dem lande noch in dem mer
    gesach ich rotte nie gevarn
    mit alsus krefteclîchen scharn.
    wellent si uns hie suochen mit ir kraft,
30 helft mir, ich gibe in ritterschaft.'
664   daz lobeten si al gelîche.
    die herzoginne rîche
    si vrâcten, ob daz her wære ir.
    diu sprach: 'ir sult gelouben mir,
5 ich erkenne dâ weder schilt noch man.
    der mir ê schaden hât getân,
    derst lîhte in mîn lant geriten
    und hât vor Lôgrois gestriten:
    ich wæne, die vant er doch ze wer.
10 si heten strît wol disem her
    an zingeln und an barbigân.

hât dâ ritterschaft getân
der zornege künec Gramoflanz,
sô suochte er gelt vür sînen kranz:
15 oder swer si sint, die muosten sper
ûf geriht sehen durch tjoste ger.'
ir munt in louc dâ wênec an.
Artûs schaden vil gewan,
ê daz er kœme vür Lôgrois.
20 des wart etslîch Bertenois
ze rehter tjost abe gevalt.
Artûs her ouch wider galt
market, den man in dâ bôt.
si kômens ze beider sît in nôt.
25   man sach die strîtmüeden komen,
von den sô dicke ist vernomen,
daz si ir kotzen gerne werten.
si wâren gein strîte die herten:
beidenthalpz mit schaden stêt.
30 Gârel und Gaherjêt
665 und rois Meljanz de Barbigôl
und Jofreit fîz Îdôl,
die sint hin ûf gevangen,
ê der buhurt wære ergangen.
5 ouch viengen si von Lôgrois
duc Frîam de Vermendois
und cuns Ritschart de Nâvers.
der vertet niwan eines spers:
gein swem ouch daz sîn hant gebôt,
10 der viel vor im durch tjoste nôt.
Artûs mit sîn selbes hant
vienc den degen wert erkant.
dâ wurden unverdrozzen
die poinder sô geslozzen,
15 des möhte swenden sich der walt.
manec tjoste ungezalt
rêrten trunzûne.
die werden Bertûne
wâren ouch manlîch ze wer.
20 gein der herzoginne her

Artûs nâchhuote
muoste strîtes sîn ze muote.
man hardierte si den tac
unz dar diu vluot des hers lac.
25 ouch solde mîn her Gâwân
der herzogîn gekündet hân,
daz ein sîn helfære
in ir lande wære:
sô wære des strîtes niht geschehen.
30 dô enwolde ers ir noch niemen jehen,
666 ê siz selbe sehen mohte.
er warp, als ez im tohte,
und schuof ouch sîne reise
gein Artûse dem Berteneise
5 mit tiuren gezelten.
niemen dâ mohte engelten,
ob er im was unerkant:
des milten Gâwânes hant
begunde in sô mit willen geben,
10 als er niht langer wolde leben.
sarjande, ritter, vrouwen
muosten emphâhen und schouwen
sîne gâbe sô grœzlîche,
daz si sprâchen al gelîche,
15 in wære diu wâre helfe komen.
dô wart ouch vreude an in vernomen.
dô hiez gewinnen der degen wert
starke soumære, schœniu vrouwen phert
und harnas al der ritterschaft.
20 sarjande zîser grôze kraft
aldâ bereite wâren.
dô kunde er sus gebâren:
dô nam mîn her Gâwân
vier werde ritter sunder dan,
25 daz einer kamerære
und der ander schenke wære
und der dritte truhsæze
und daz der vierde niht vergæze,
er enwære marschalc. sus warp er:

30 dise viere leisten sîne ger.

667
    nû lât Artûsen stille ligen.
Gâwâns grüezen wart verswigen
in den tac: unsanfte erz meit.
des morgens vruo mit krache reit
5 gein Jôflanze Artûses her.
sîn nâchhuote schuof er ze wer:
dô die niht strîtes vunden dâ,
si kêrten nâch im ûf die slâ.
dô nam mîn her Gâwân
10 sîn ammetliute sunder dan.
niht langer er wolde bîten,
er hiez den marschalc rîten
ze Jôflanze ûf den plân.
'sunderleger wil ich hân.
15 dû sihs daz grôze her wol ligen:
ez ist et nû alsô gedigen,
ir herren muoz ich iu nennen,
daz ir den müget erkennen.
ez ist mîn œheim Artûs,
20 in des hove und in des hûs
ich von kinde bin erzogen.
nû schaffet mir vür unbetrogen
mîn reise alsô mit koste dar,
daz mans vür rîcheit neme war,
25 und lât hie ûfe unvernomen,
daz Artûs her durch mich sî komen.'
    si leisten, swaz er in gebôt.
des wart Plipalinôt
dar nâch unmüezec schiere.
30 kocken, ussiere,

668
seitiez und snecken
mit rotte der quecken
beidiu zorse und ouch ze vuoz
mit dem marschalc über muoz,
5 sarjande, garzûne.
hin nâch dem Bertûne
si kêrten her unde dâ
mit Gâwâns marschalc ûf die slâ.

si vuorten ouch, des sît gewis,
10 ein gezelt, daz Îblis
Klinschore durch minne sande,
dâ von man êrste erkande
ir zweier tougen über lût:
si wâren beide ein ander trût.
15 dem gezelt was koste niht vermiten:
mit schære nie bezzerz wart gesniten
wan einz, daz Îsenhartes was.
bî Artûs sunder ûf ein gras
wart daz gezelt ûf geslagen.
20 manec zelt, hôrte ich sagen,
sluoc man dar um an wîten rinc.
daz dûhten rîlîchiu dinc.
    vor Artûse wart vernomen,
Gâwâns marschalc wære komen,
25 der herbergete ûf den plân,
und daz der werde Gâwân
solde ouch komen bî dem tage.
daz wart ein gemeiniu sage
von al der massenîe.
30 Gâwân der valsches vrîe
669   von hûs sich rottierte.
sîne reise er alsus zierte,
dâ von möhte ich iu wunder sagen.
manec soumære muoste tragen
5 kappeln und kamergewant.
manec soum mit harnase erkant
giengen ouch dar unden,
helm oben drûf gebunden
bî manegem schilte wol getân.
10 manec schœne kastelân
man bî den soumen ziehen sach.
ritter und vrouwen hinden nâch
riten an ein ander vaste.
daz gezoc wol eine raste
15 an der lenge was gemezzen.
dô enwart dâ niht vergezzen,
Gâwân einen ritter wol gevar

immer schuof zeiner vrouwen klâr.
daz wâren kranke sinne,
20 ob die sprâchen iht von minne.
der turkoite Flôrant
zeinem gesellen wart erkant
Sangîven von Norwæge.
Lischois der gar untræge
25 reit bî der süezen Kundrîê.
sîn swester Itonjê
bî Gâwân solde rîten.
an den selben zîten
Arnîve und diu herzogîn
30 ouch gesellen wolden sîn.
670   nû, diz was et alsus komen:
Gâwâns rinc was genomen
durch Artûs her, aldâ der lac.
waz man schouwens dâ gephlac,
5 ê diz volc durch si gerite!
Gâwân durch hovelîchen site
und ouch durch werdeclîchiu dinc
hiez an Artûses rinc
die êrsten vrouwen halden.
10 sîn marschalc muoste walden,
daz einiu nâhe zuo der reit.
der andern deheiniu dâ vermeit,
si enhabeten sus alumme,
hie diu wîse und dort diu tumme,
15 bî ieslîcher ein ritter, der ir phlac
und der sich dienstes dar bewac.
Artûs rinc den wîten
man sach an allen sîten
mit vrouwen ummevangen.
20 dô wart alrêst emphangen
Gâwân der sælden rîche,
ich wæne des, minneclîche.
Arnîve, ir tohter und ir kint
mit Gâwâne erbeizet sint,
25 von Lôgrois diu herzogîn
und der herzoge von Gôwerzîn

und der turkoite Flôrant.
gein disen liuten wert erkant
Artûs ûz dem gezelte gienc,
30 der si dâ vriuntlîche emphienc.
671 als tet diu künegîn, sîn wîp:
diu emphienc Gâwânes lîp
und ander sîne geselleschaft
mit getriulîcher liebe kraft.
5 dâ wart manec kus getân
von maneger vrouwen wol getân.
Artûs sprach zem neven sîn:
'wer sint die gesellen dîn?'
Gâwân sprach: 'mîne vrouwen
10 sol ich si küssen schouwen.
daz wære unsanfte bewart:
si sint wol beide von der art.'
der turkoite Flôrant
wart dâ geküsset al zehant
15 und der herzoge von Gôwerzîn
von Ginovêren der künegîn.
    si giengen wider inz gezelt.
manegen dûhte, daz daz wîte velt
vollez vrouwen wære.
20 dô warp niht sô der swære
Artûs, spranc ûf ein kastelân,
al dise vrouwen wol getân
und al die ritter beneben in,
er reit den rinc alumme hin.
25 mit zühten Artûses munt
si emphienc an der selben stunt.
daz was Gâwâns wille,
daz si alle habeten stille,
unz daz er mit in dannen rite:
30 daz was ein höveschlîcher site.
672 Artûs erbeizte und gienc dar în.
er saz zuo dem neven sîn:
den bestuont er sus mit mæren,
wer die vünf vrouwen wæren.
5 dô huop mîn her Gâwân

an der eldesten zem êrsten an.
sus sprach er zuo dem Bertûn:
'erkandet ir Utepandragûn,
sôst diz Arnîve, sîn wîp:
10 von den zwein kom iuwer lîp.
sô ist diz diu muoter mîn,
von Norwæge diu künegîn.
dise zwuo mîn swester sint.
nû seht, wie vlætegiu kint!'
15 ein ander küssen dâ geschach.
vreude unde jâmer sach
al, die daz sehen wolden:
von der liebe si daz dolden.
beidiu lachen und weinen
20 kunde ir munt vil wol bescheinen:
von grôzer liebe daz geschach.
Artûs ze Gâwâne sprach:
'neve, ich bin des mæres noch vrî,
wer diu klâre vünfte vrouwe sî.'
25 dô sprach Gâwân der kurtois:
'ez ist diu herzogîn von Lôgrois.
in der genâden bin ich hie.
mirst gesaget, ir habet gesuochet sie:
swaz ir des habet genozzen,
30 daz zeiget unverdrozzen.
673 ir möhtet zeiner witewen wol tuon.'
  Artûs sprach: 'dîner muomen sun
Gaherjêten si dort hât
und Gârelen, der ritters tât
5 in manegem poinder worhte.
mir wart der unervorhte
an mîner sîten genomen.
ein unser poinder was sô komen
mit hurte unz an ir barbigân.
10 hurtâ, wiez dâ wart getân
von dem werden Meljanz von Lîz!
under eine baniere wîz
ist er hin ûf gevangen.
diu banier hât emphangen

15 von zobele ein swarze strâle
mit herzen bluotes mâle
nâch mannes kummer gevar:
Lirivoin rief al diu schar,
die under der durch strîten riten.
20 die hânt den prîs hin ûf erstriten.
mirst ouch mîn neve Jofreit
hin ûf gevangen, daz ist mir leit.
diu nâchhuote was gestern mîn:
dâ von gedêch mir dirre pîn.'
25 der künec sîns schaden vil verjach.
diu herzogîn mit zühten sprach:
'herre, ich sage iuch slasters buoz.
ir enhetet mîn deheinen gruoz:
ir muget mir schaden hân getân,
30 den ich doch ungedienet hân,

674 sît ir mich gesuochet hât.
nû lêre iuch got ergetzens rât.
in des helfe ir sît geriten,
ob der hât mit mir gestriten,
5 dâ wart ich âne wer bekant
und zer blôzen sîten an gerant.
ob der noch strîtes gein mir gert,
der wirt wol gendet âne swert.'
zArtûse sprach dô Gâwân:
10 'waz râtet irs, ob wir disen plân
baz mit rittern überlegen,
sît wirz wol getuon megen?
ich erwirbe wol an der herzogîn,
daz die iuwern ledec suln sîn
15 und daz ir ritterschaft dâ her
kumt mit manegem niuwen sper.'
'des volge ich' sprach Artûs.
diu herzogîn dô hin ze hûs
sande nâch den werden.
20 ich wæne, ûf der erden
ie schœner samenunge wart.
gein herbergen sîner vart
Gâwân urloubes gerte,

des in der künec gewerte.
25 die man mit im komen sach,
vuoren dan mit im an ir gemach.
sîn herberge rîche
stuont sô ritterlîche,
daz si was kostebære
30 und der armüete lære.
675 in sîne herberge reit
maneger, dem von herzen leit
was sîn langez ûz wesen.
nû was ouch Keie genesen
5 bî dem Plimizôl der tjoste.
der pruovte Gâwâns koste,
er sprach: 'mîns herren swâger Lôt,
von dem was uns dehein nôt
ebenhiuze noch sunderringes.'
10 dô dâhte er noch des dinges,
wande in Gâwân dort niht rach,
dâ im sîn zeswer arm zebrach.
'got mit den liuten wunder tuot.
wer gap Gâwân die vrouwen luot?'
15 sus sprach Keie in sînem schimph.
daz was gein vriunde ein swach gelimph:
der getriuwe ist vriundes êren vrô,
der ungetriuwe wâfenô
rüefet, swenne ein liep geschiht
20 sînem vriunde und er daz siht.
Gâwân phlac sælde und êre:
gert iemen vürbaz mêre,
war wil der mit gedanken?
sô sint die muotes kranken
25 gîtes unde hazzes vol.
sô tuot dem ellenthaften wol,
swâ sînes vriundes prîs gestêt,
daz schande vlühtec von im gêt.
Gâwân âne valschen haz
30 manlîcher triuwen nie vergaz:
676 kein unbilde dran geschach,
swâ man in bî sælden sach.

wie der von Norwæge
sînes volkes phlæge,
5 der ritter und der vrouwen?
dâ mohten rîcheit schouwen
Artûs und sîn gesinde
von des werden Lôtes kinde.
si suln ouch slâfen, dô man gaz:
10 ir ruowens hân ich selten haz.
smorgens kom vor tage geriten
volc mit werlîchen siten,
der herzoginne ritter gar.
man nam ir zimierde war
15 al bî des mânen schîne.
dâ Artûs und die sîne
lâgen, durch die zogeten sie
unz anderhalp, dâ Gâwân hie
lac mit wîtem ringe.
20 swer solhe helfe ertwinge
mit sîner ellenthaften hant,
den mac man hân vür prîs erkant.
Gâwân sînen marschalc bat
in zeigen herberge stat.
25 als der herzoginne marschalc riet,
von Lôgrois diu werde diet
manegen rinc wol sunder zierten.
ê si geloschierten,
ez was wol mitter morgen.
30   hie næht ez niuwen sorgen.
677 Artûs der prîses erkande
sîne boten sande
ze Rosche Sabînes in die stat:
den künec Gramoflanz er bat,
5 'sît daz unwendec nû sol sîn,
daz er gein dem neven mîn
sînen kamph niht wil verbern,
des sol in mîn neve wern.
bitet in gein uns schiere komen,
10 sît sîn gewalt ist sus vernomen,
daz erz niht vermîden wil.

es wære einem andern man ze vil.’
Artûses boten vuoren dan.
dô nam mîn her Gâwân
15 Lischoisen und Flôranden:
die von manegen landen,
minnen soldiere,
bat er im zeigen schiere,
die der herzogîn ûf hôhen solt
20 wâren sô dienestlîchen holt.
er reit zuo zin und emphienc si sô,
daz si al gelîche sprâchen dô,
daz der werde Gâwân
wære ein manlîch hövesch man.
25 dâ mite kêrte er von in wider.
    sus warp er tougenlîche sider:
in sîne kamern er gienc,
mit harnase er übervienc
den lîp zen selben stunden
30 durch daz, ob sîne wunden
678   sô geheilet wæren,
daz die mâsen in niht swæren.
er wolde baneken den lîp,
sît sô manec man und wîp
5 sînen kamph solden sehen,
dâ die wîsen ritter möhten spehen,
ob sîn unverzagetiu hant
des tages gein prîse würde erkant.
einen knappen hete er des gebeten,
10 daz er im bræhte Gringuljeten:
daz begunde er leischieren.
er wolde sich môvieren,
daz er undz ors wæren bereit.
mir wart sîn reise nie sô leit:
15 al ein reit mîn her Gâwân
von dem her verre ûf den plân.
gelücke müezes walden!
    er sach einen ritter halden
bî dem wazzer Sabîns.
20 den wir wol möhten heizen vlins

    der manlîchen krefte,
    er schûr der ritterschefte,
    sîn herze valsch nie underswanc.
    er was des lîbes wol sô kranc,
25 swaz man heizet unprîs,
    daz entruoc er nie deheinen wîs
    halbes vingers lanc noch spanne.
    von dem selben werden manne
    muget ir wol ê hân vernomen:
30 an den rehten stam diz mære ist komen.

XIV.

679   Ob von dem werden Gâwân
werlîche ein tjost dâ wirt getân,
sô engevorhte ich sîner êre
an prîse nie sô sêre.
5 ich solde ouch sandern angest hân.
daz wil ich ûz den sorgen lân:
der was in strîte eins mannes her.
ûz heidenschaft verre über mer
was brâht diu zimierde sîn.
10 noch rœter denne ein rubîn
was sîn kursît und sîn orses kleit.
der helt nâch âventiuren reit:
sîn schilt was gar durchstochen.
er hête ouch gebrochen
15 von dem boume, des Gramoflanz
huote, einen sô liehten kranz,
daz Gâwânz rîs erkande.
dô vorhte er die schande,
ob sîn der künec dâ hete erbiten:
20 wære der durch strît gein im geriten,
sô müeste ouch strîten dâ geschehen,
und soldez nimmer vrouwe ersehen.
von Munsalvæsche wâren sie,
beidiu ors, diu alsus hie
25 liezen nâher strîchen:
ûf den poinder hurteclîchen
mit sporn si wurden des ermant.
al grüene klê, niht stoubec sant
stuont touwec, dâ diu tjost geschach.

    30 mich müet ir beider ungemach.
680   si tâten ir poinder rehte:
    ûz der tjoste geslehte
    wâren si beide samt erborn.
    wênec gewunnen, vil verlorn
  5 hât, swer behaldet dâ den prîs:
    der klagetz doch immer, ist er wîs.
    gein ein ander stuont ir triuwe,
    der enweder alt noch niuwe
    dürkel scharten nie emphienc.
 10   nû hœret, wie diu tjost ergienc:
    hurteclîche und doch alsô,
    si möhtens beide sîn unvrô.
    erkandiu sippe und hôch geselleschaft
    was dâ mit herzenlîcher kraft
 15 durch scharphen strît zein ander komen.
    von swem der prîs dâ wirt genomen,
    des vreude ist dar um sorgen phant.
    die tjoste brâhte iewederiu hant,
    daz die mâge und die gesellen
 20 ein ander muosten vellen
    mit orse mit alle nider.
    alsus wurben si dô sider:
    ez wart aldâ verzwicket,
    mit swerten verbicket.
 25 schiltes schirben und daz grüene gras
    ein gelîchiu temperîe was,
    sît si begunden strîten.
    si muosten scheidens bîten
    alze lange: si begundens vruo.
 30 dâ engreif et niemen scheidens zuo:
681   dâ enwas dennoch niemen wan sie.
       welt ir nû hœren vürbaz, wie
    an den selben stunden
    Artûses boten vunden
  5 den künec Gramoflanz mit her?
    ûf einem plân bî dem mer
    einhalp vlôz der Sabîns
    und anderhalp der Poinzaklîns:

din zwei wazzer sêweten dâ.
10 der plân was vester anderswâ:
Rosche Sabînes dort
din houbetstat den vierden ort
begreif mit mûren und ouch mit graben
und mit manegem turne hôhe erhaben.
15 des hers loschieren was getân
wol mîlen lanc ûf den plân
und ouch wol halber mîle breit.
Artûs boten widerreit
manec ritter in gar unbekant,
20 turkopel, manec sarjant
zîser und mit lanzen.
dar nâch begunde swanzen
under maneger baniere
manec grôziu rotte schiere.
25 von pusînen was dâ krach.
daz her man gar sich regen sach:
si wolden an den zîten
gein Jôflanze rîten.
von vrouwen zoumen klingâ klinc!
30 des künec Gramoflanzes rinc
682 was mit vrouwen ummehalden.
kan ich nû mære walden,
ich sage iu, wer durch in dâ was
geherberget ûf daz gras
5 an sîne samenunge komen.
habet ir des ê niht vernomen,
sô lât michz iu machen kunt.
ûz der wazzervesten stat von Punt
brâhte im der werde œheim sîn,
10 der künec Brandelidelîn,
sehs hundert klâre vrouwen.
ieslîchiu mohte schouwen
gewâpent dâ ir âmîs
durch ritterschaft und durch prîs.
15 die werden Punturteise
wâren wol an dirre reise.
dâ was, welt ir gelouben mirs,

der klâre Bernout de Riviers:
des rîcher vater Nârant
20 hete im lâzen Ukerlant,
der brâhte in kocken ûf dem mer
ein alsô klârez vrouwen her,
den man dâ liehter varwe jach
und anders niht dâ von in sprach:
25 der wâren zwei hundert
ze megeden besundert,
zwei hundert heten dâ ir man.
ob ichz geprüevet rehte hân,
Bernout fîz cuns Nârant,
30 vünf hundert ritter wert erkant
683 mit im dâ komen wâren,
die vînde kunden vâren.
sus wolde der künec Gramoflanz
mit kamphe rechen sînen kranz,
5 daz ez vil liute sæhe,
wem man dâ prîses jæhe.
die vürsten ûz sînem rîche
mit rittern werlîche
wâren dâ und ouch mit vrouwen schar.
10 man sach dâ liute wol gevar.
    Artûses boten kômen hie.
die vunden den künec, nû hœret wie:
palmâtes dicke ein matraz
lac under dem künege, aldâ er saz,
15 dar ûf gesteppet ein phelle breit.
juncvrouwen klâr und ouch gemeit
schuohten îserîne kolzen
an den künec stolzen.
ein phelle, gap kostlîchen prîs,
20 geworht in Ezidêmonîs,
beidiu breit unde lanc,
hôhe ob im durch schate swanc,
an zwelf schefte genomen.
Artûs boten wâren komen.
25 gein dem, der hôchverte hort
truoc, si sprâchen disiu wort:

'herre, uns hât dâ her gesant
Artûs, der dâ vür erkant
was, daz er prîs etswenne truoc.
30 er hete ouch werdekeit genuoc:
684 die welt ir im verkrenken.
wie meget ir des erdenken,
daz ir gein sîner swester sun
solh ungenâde wellet tuon?
5 hete iu der werde Gâwân
grœzer herzeleit getân,
er möhte der tavelrunder
doch geniezen sunder,
wande in geselleschefte wernt
10 alle, die dar über phlihte gernt.'
der künec sprach: 'den gelobeten strît
mîn unverzagetiu hant sô gît,
daz ich Gâwânen bî disem tage
gein prîse oder in laster jage.
15 ich hân mit wârheit vernomen,
Artûs sî mit storje komen
und des wîp, diu künegîn.
diu sol willekomen sîn.
ob diu arge herzoginne
20 im gein mir ræt unminne,
ir kint, daz sult ir understên.
dâ enmac niht anders an ergên,
wan daz ich den kamph leisten wil.
ich hân ritter wol sô vil,
25 daz ich gewalt entsitze niht.
swaz mir von einer hant geschiht,
die nôt wil ich lîden.
solde ich nû vermîden,
des ich mich vermezzen hân,
30 sô wolde ich dienst nâch minnen lân.
685 in der genâde ich hân ergeben
al mîn vreude und ouch mîn leben,
got weiz wol, daz er ir genôz,
wande mich des ie verdrôz,
5 strîtes wider einen man,

wan daz der werde Gâwân
den lîp hât geurbort sô,
kamphes bin ich gein im vrô.
sus nidert sich mîn manheit.
10 sô swachen strît ich nie gestreit:
ich hân gestriten, giht man mir
(ob ir gebietet, des vrâget ir),
gein liuten, die des mîner hant
jâhen, si wære vür prîs erkant.
15 ich enbestuont nie einen lîp.
ez ensuln ouch loben niht diu wîp,
ob ich den sic hiute erhol.
mir tuot in dem herzen wol,
mirst gesaget, si sî ûz banden lân,
20 durch die der kamph nû wirt getân.
Artûs der erkande verre,
sô manec vremdiu terre
ze sînem gebote ist vernomen:
sist lîhte her mit im komen,
25 durch die ich vreude unde nôt
in ir gebot unz an den tôt
sol dienestlîchen bringen.
wâ möhte mir baz gelingen,
ob mir diu sælde sol geschehen,
30 daz si mîn dienest ruochet sehen?’
686 Bêne under küneges armen saz.
diu liez den kamph gar âne haz:
si hete des küneges manheit
sô vil gesehen, dâ der streit,
5 daz siz wolde ûz den sorgen lân.
wesse aber si, daz Gâwân
ir vrouwen bruoder wære
und daz disiu strengen mære
ûf ir herren wæren gezogen,
10 si wære an vreuden dâ betrogen.
si brâhte dem künege ein vingerlîn,
daz Itonjê diu junge künegîn
hete durch minne im gesant,
daz ir bruoder wert erkant

15 holte über den Sabîns.
   Bêne ûf dem Poinzaklîns
   kom in einem seitiez.
   disiu mære si niht liez:
   'von Schastel Marveile gevarn
20 ist mîn vrouwe mit vrouwen scharn.'
   si mante in triuwe und êre
   von ir vrouwen mêre,
   denne ie kint manne enbôt,
   und daz er dæhte an ir nôt,
25 sît si vür alle gewinne
   dienst büte nâch sîner minne.
   daz machte den künec hôchgemuot.
   unreht er doch Gâwâne tuot:
   solde ich engelten sus der swester mîn,
30 ich wolde ê âne swester sîn.

687   man truoc im zimierde dar
   von tiurer koste alsô gevar,
   swen diu minne ie des betwanc,
   daz er nâch wîbe lône ranc,
 5 ez wære Gahmuret oder Gâlôes
   oder der künec Kilikrates,
   der deheiner dorfte sînen lîp
   nie baz gezieren durch diu wîp.
   von Ipopotitikôn
10 oder ûz der wîten Akratôn
   oder von Kalomidente
   oder von Agatirsjente
   wart nie bezzer phelle brâht,
   denne dâ zer zimierde wart erdâht.
15 dô kuste er daz vingerlîn,
   daz Itonjê diu junge künegîn
   im durch minne sande.
   ir triuwe er sô bekande,
   swâ im kummers wære bevilt,
20 dâ was ir minne vür ein schilt.
   der künec was gewâpent nuo.
   zwelf juncvrouwen griffen zuo
   ûf starken runzîden:

si ensolden daz niht mîden,
25 diu klâre geselleschaft,
ieslîchiu hete an einen schaft
den tiuren phelle genomen,
dar unde der künec wolde komen.
den vuorten si durch schate dan
30 ob dem strîtgernden man.
688 niht ze kranc zwei vrouwelîn
(diu truogen et dâ den besten schîn)
under sküneges starken armen riten.
    dô enwart niht langer dâ gebiten,
5 Artûs boten vuoren dan
und kômen dar, dâ Gâwân
ûf ir widerreise streit.
dô wart den kinden nie sô leit:
si schrîten lûte um sîne nôt,
10 wande in ir triuwe daz gebôt.
ez was vil nâch alsô komen,
daz den sic hete aldâ genomen
Gâwânes kamphgenôz.
des kraft was über in sô grôz,
15 daz Gâwân der werde degen
des siges hete nâch verphlegen.
wan daz in klagende nanden
kint, diu in bekanden,
der ê des was sîn strîtes wer,
20 verbar dô gein im strîtes ger.
verre ûz der hant er warf daz swert:
'unsælec und unwert
bin ich' sprach der weinde gast.
'aller sælden mir gebrast.
25 daz mîner gunêrten hant
dirre strît ie wart bekant,
des was mit unvuoge ir ze vil.
schuldec ich mich geben wil:
hie trat mîn ungelücke vür
30 und schiet mich von der sælden kür.
689 sus sint diu alden wâpen mîn
ê dicke und aber worden schîn.

daz ich gein dem werden Gâwân
alhie mîn strîten hân getân!
5 ich hân mich selben überstriten
und ungelückes hie erbiten.
dô des strîtes wart begunnen,
dô was mir sælde entrunnen.'
Gâwân die klage hôrte und sach,
10 ze sînem kamphgenôze er sprach:
'ouwî, herre, wer sît ir?
ir sprecht genædeclîch gein mir.
wan wære diu rede ê geschehen,
die wîle ich krefte möhte jehen!
15 sô enwære ich niht von prîse komen.
ir habet den prîs alhie genomen:
ich hete iuwer gerne künde,
wâ ich her nâch vünde
mînen prîs, ob ich den suochte.
20 die wîle es mîn sælde ruochte,
sô gestreit ich ie wol einer hant.'
'neve, ich tuon mich dir bekant
dienstlîche nû und elliu mâl:
ich binz dîn neve Parzivâl.'
25 Gâwân sprach: 'dô was ez reht.
hiest krummiu tumpheit worden sleht.
hie hânt zwei herzen einvalt
mit hazze erzeiget ir gewalt:
dîn hant uns beide überstreit.
30 nû lâ dirz durch uns beide sîn leit:
690 dû hâs dir selben ane gesiget,
ob dîn herze triuwen phliget.'
dô disiu rede was getân,
dô enmohte ouch mîn her Gâwân
5 vor unkraft niht langer stên.
er begunde al swindelde gên,
wande imz houbet erschellet was:
er strûchte nider an daz gras.
Artûses juncherrelîn
10 spranc einez underz houbet sîn:
dô bant im daz süeze kint

abe den helm und swanc den wint
mit einem huote phæwîn wîz
under diu ougen. dirre kindes vlîz
15 lêrte Gâwânen niuwe kraft.
　　ûz beiden hern geselleschaft
mit rotte kom in hie und dort,
ieweder her an sînen ort,
dâ ir zil wâren gestôzen
20 mit gespiegelten ronen grôzen.
Gramoflanz die koste gap
durch sîns kamphes urhap:
der boume hundert wâren
mit liehten blicken klâren.
25 dâ ensolde niemen zwischen komen.
si stuonden sus, hân ichz vernomen:
vierzec poinder von ein ander,
mit geverweten blicken glander
vünfzec iewedersît.
30 dâ zwischen solde ergên der strît:

691　　daz her solde ûzerhalben haben,
als ez schiede mûre oder tiefe graben.
des hete den hantvride getân
Gramoflanz und Gâwân.
5 gein dem ungelobeten strîte
manec rotte kom bezîte
ûz beiden hern, die sâhen,
wem si dâ prîses jâhen.
die nam ouch wunder, wer dâ strite
10 mit alsô strîteclîchem site
oder wem des strîtes dâ wære gedâht.
neweder her hete brâht
sînen kemphen in den rinc:
ez dûhten si wunderlîchiu dinc.
15　dô dirre kamph was getân
ûf dem bluomenvarwen plân,
dô kom der künec Gramoflanz:
der wolde ouch rechen sînen kranz.
der vriesch wol, daz dâ was geschehen
20 ein kamph, daz nie wart gesehen

herter strît mit swerten.
die des ein ander werten,
si tâtenz âne schulde gar.
Gramoflanz ûz sîner schar
25 zuo den kamphmüeden reit,
herzenlîche er klagete ir arbeit.
Gâwân was ûf gesprungen:
dem wâren die lide erswungen.
hie stuonden dise zwêne.
30 nû was ouch vrou Bêne
692 mit dem künege in den rinc geriten,
aldâ der kamph was erliten.
diu sach Gâwânen kreftelôs,
den si vür al die werlt erkôs
5 zir besten vreude krône.
nâch herzen jâmers dône
si schrîende von dem pherde spranc,
mit armen si in vaste ummeswanc.
si sprach: ʽvervluochet sî diu hant,
10 diu disen kummer hât erkant
gemacht an iuwerm lîbe klâr.
bî allen mannen, daz ist wâr,
iuwer varwe ein manlîch spiegel was.ʼ
si sazte in nider an daz gras:
15 ir weinens wênec wart verdaget.
dô streich im diu süeze maget
ab den ougen bluot und sweiz.
in harnase was im heiz.
der künec Gramoflanz dô sprach:
20 ʽGâwân, mirst leit dîn ungemach,
ez enwære von mîner hant getân.
wiltû morgen wider ûf den plân
gein mir komen durch strîten,
des wil ich gerne bîten.
25 ich bestüende gerner nû ein wîp
denne dînen kreftelôsen lîp:
waz prîses möhte ich an dir bejagen,
ich enhôrte dich baz gein kreften sagen?
nû ruowe hînte, des wirt dir nôt,

30 wiltû vür stên den künec Lôt.’
693 dô truoc der starke Parzivâl
ninder müede lit noch erblichen mâl.
er hete an den stunden
sînen helm abe gebunden,
5 dâ in der werde künec sach.
ze dem er zühteclîchen sprach:
‘herre, swaz mîn neve Gâwân
gein iuwern hulden hât getân,
des lât mich vür in wesen phant.
10 ich trage noch werlîche hant:
welt ir zürnen gein im kêren,
daz sol ich iu mit swerten wern.’
der wirt ûz Rosche Sabîns
sprach: ‘herre, er gît mir morgen zins:
15 der stêt ze gelte vür mînen kranz,
des sîn prîs wirt hôch und ganz
oder daz er jaget mich an die stat,
aldâ ich trite ûf lasters phat.
ir muget wol anders sîn ein helt:
20 dirre kamph ist iu doch niht erwelt.’
dô sprach Bênen süezer munt
zem künege: ‘ir ungetriuwer hunt!
iuwer herze in sîner hende liget,
dar iuwer herze hazzes phliget:
25 war habet ir iuch durch minne ergeben?
diu muoz doch sîner genâden leben.
ir saget iuch selben sigelôs.
diu minne ir reht an iu verlôs:
getruoget ir ie minne,
30 diu was mit valschem sinne.’
694 dô dises zornes vil geschach,
der künec Bênen sunder sprach.
er bat si: ‘vrouwe, zürne niht,
daz der kamph von mir geschiht.
5 belîp hie bî dem herren dîn.
sage Itonjê der swester sîn,
ich sî vür wâr ir dienestman
und ich wil ir dienen, swaz ich kan.’

    dô Bêne daz gehôrte
10 mit wærlîchem worte,
    daz ir herre ir vrouwen bruoder was,
    der dâ solde strîten ûf dem gras,
    dô zugen jâmers ruoder
    in ir herzen wol ein vuoder
15 der herzenlîchen riuwe,
    wande si phlac herzen triuwe.
    si sprach: 'vart hin, vervluochet man!
    ir sît, der triuwe nie gewan.'
    der künec reit dan und al die sîn.
20 Artûses juncherrelîn
    viengen diu ors disen zwein.
    an den orsen sunderkamph ouch schein.
    Gâwân und Parzivâl
    und Bêne diu lieht gemâl
25 riten dannen gein ir her.
    Parzivâl mit mannes wer
    hete den prîs behalden sô,
    si wâren sîner künfte vrô,
    die in dâ komen sâhen.
30 hôhes prîses si im alle jâhen.
695   ich sage iu mære, ob ich kan:
    dô sprach von disem einem man
    in beiden hern die wîsen,
    daz si begunden prîsen
5 sîne ritterlîche tât:
    'der dâ den prîs genomen hât,
    welt irs jehen, daz ist Parzivâl.'
    der was ouch sô lieht gemâl,
    ez enwart nie ritter baz getân:
10 des jâhen wîp unde man,
    dô in Gâwân brâhte,
    der des hin zim gedâhte,
    daz er in hieze kleiden.
    dô truoc man dar in beiden
15 von tiurer koste gelîch gewant.
    über al diz mære wart erkant,
    daz Parzivâl dâ wære komen,

von dem sô dicke was vernomen,
daz er hôhen prîs bejagete.
20 vür wâr daz maneger sagete.
  Gâwân sprach: 'wiltû schouwen
dîns künnes vier vrouwen
und ander vrouwen wol gevar,
sô gên ich gerne mit dir dar.'
25 dô sprach Gahmuretes kint:
'ob hie werde vrouwen sint,
den soltû mjch unmæren niht.
ein ieslîch vrouwe mich ungerne siht,
diu bî dem Plimizôl gehôrt
30 hât von mir valschlîchiu wort.

696 got müeze ir wîplîch êre sehen!
ich wil immer vrouwen sælden jehen:
ich schame mich noch sô sêre,
ungerne ich gein in kêre.'
5 'ez muoz doch sîn' sprach Gâwân.
der vuorte Parzivâlen dan,
dâ in kusten vier künegîn.
die herzogîn ez lêrte pîn,
daz si den küssen solde,
10 der ir gruozes dô niht wolde,
dô si minne und ir lant im bôt
(des kom si hie von schame in nôt),
dô er vor Lôgrois gestreit
und si sô verre nâch im reit.
15 Parzivâl der klâre
wart des âne vâre
überparlieret,
daz wart gekondewieret
elliu schame ûz sînem herzen dô.
20 âne blûkeit wart er vrô.
  Gâwân von rehten schulden
gebôt bî sînen hulden
vroun Bênen, daz ir süezer munt
Itonjê des niht tæte kunt,
25 'daz mich der künec Gramoflanz
sus hazzet um sînen kranz

und daz wir morgen ein ander strît
suln geben ze rehter kamphes zît.
mîner swester soltû des niht sagen
30 und solt dîn weinen gar verdagen.'
697 si sprach: 'ich mac wol weinen
und immer klage erscheinen,
wan sweder iuwer dâ beliget,
nâch dem mîn vrouwe jâmers phliget.
5 diu ist ze beider sît erslagen.
mîne vrouwen und mich muoz ich wol klagen.
waz hilft, daz ir ir bruoder sît?
mit ir herzen welt ir vehten strît.'
daz her was gar gezoget în.
10 Gâwân und den gesellen sîn
was ir ezzen al bereit.
mit der herzogîn gemeit
Parzivâl solde ezzen.
dâ enwart des niht vergezzen,
15 Gâwân der enbevülhe in ir.
si sprach: 'welt ir bevelhen mir
den, der vrouwen spotten kan?
wie sol ich phlegen dises man?
doch diene ich im durch iuwer gebot.
20 ich enruoche, ob er daz nimt vür spot.'
dô sprach Gahmuretes sun:
'vrouwe, ir welt gewalt mir tuon.
sô wîse erkenne ich mînen lîp:
der mîdet spottes elliu wîp.'
25 ob ez dâ was, man gap genuoc:
mît grôzer zuht manz vür si truoc.
maget, wîp und man mit vreuden az.
Itonjê des doch niht vergaz,
si enwarte an Bênen ougen,
30 daz diu weinden tougen:
698 dô wart ouch si nâch jâmer var,
ir süezer munt meit ezzen gar.
si dâhte: 'waz tuot Bêne hie?
ich hete iedoch gesendet sie
5 ze dem, der dort mîn herze treget,

daz mich hie gar unsanfte reget.
waz ist an mir gerochen?
hât der künec widersprochen
mîn dienst und mîne minne?
10 sîn getriuwe manlîch sinne
mugen hie niht mêr erwerben,
wan dar um muoz ersterben
mîn armer lîp, den ich hie trage,
nâch im mit herzenlîcher klage.'
15   dô man ezzens dâ verphlac,
dô was ez ouch über den mitten tac.
Artûs und daz wîp sîn,
vrou Ginovêr diu künegîn,
mit rittern und mit vrouwen schar
20 riten, dâ der wol gevar
saz bî werder vrouwen diet.
Parzivâles antvanc dô geriet,
manege klâre vrouwen
muoste er sich küssen schouwen.
25 Artûs bôt im êre
und dancte im des sêre,
daz sîn hôhiu werdekeit
wære sô lanc und ouch sô breit,
daz er den prîs vür alle man
30 von rehten schulden solde hân.
699   der Wâleis zArtûse sprach:
'herre, dô ich iuch jungest sach,
dô wart ûf die êre mir gerant:
von prîse ich gap sô hôhiu phant,
5 daz ich von prîse nâch was komen.
nû hân ich, herre, von iu vernomen,
ob ir mirz saget âne vâr,
daz prîs an mir ein teil hât wâr.
swie unsanfte ich daz lerne,
10 ich geloubez iu doch gerne,
woldez gelouben ander diet,
von den ich mich dô schamede schiet.'
die dâ sâzen, jâhen sîner hant,
si hete den prîs über manegiu lant

15 mit sô hôhem prîse erworben,
daz sîn prîs wære unverdorben.
    der herzoginne ritter gar
ouch kômen, dâ der wol gevar
Parzivâl bî Artûse saz.
20 der werde künec des niht vergaz,
er emphienge si in des wirtes hûs.
der hövesche wîse Artûs,
swie wît wære Gâwâns gezelt,
er saz dar vür ûf daz velt.
25 si sâzen um in an den rinc.
sich samenten unkundiu dinc:
wer dirre und jener wære,
daz würden wîtiu mære,
solde der kristen und der Sarrazîn
30 kuntlîche dâ genennet sîn.
700   wer was Klinschores her?
wer wâren, die sô wol ze wer
von Lôgrois vil dicke riten,
dâ si durch Orgelûsen striten?
5 wer wâren, die brâhte Artûs?
der ir aller lant und ir hûs
kuntlîche solde nennen,
müelîch si wâren zerkennen.
die jâhen al gemeine,
10 daz Parzivâl al eine
vor ûz trüege sô klâren lîp,
den gerne minnen möhten wîp,
und swaz ze hôhem prîse züge,
daz in des werdekeit niht trüge.
15   ûf stuont Gahmuretes kint.
der sprach: 'alle, die hie sint,
sitzen stille und helfen mir,
des ich gar unsanfte enbir.
mich schiet von tavelrunder
20 ein verholnbærez wunder:
die mir ê gâben geselleschaft,
helfen mir geselleclîcher kraft
noch dar über.' des er gerte,

Artûs in schône werte.
25 einer andern bete er dô bat
(mit wênec liuten er sunder trat),
daz Gâwân gæbe im den strît,
den er ze rehter kamphes zît
des morgens solde strîten.
30 'ich wil sîn gerne dâ bîten,
701 der dâ heizet künec Gramoflanz:
von sînem boume ich einen kranz
brach hiute morgen vruo,
daz er mir strîten vuorte zuo.
5 ich kom durch strîten in sîn lant,
niwan durch strît gein sîner hant.
neve, ich solde dîn wênec trûwen hie.
mir engeschach sô rehte leide nie:
ich wânde, ez der künec wære,
10 der mich strîtes niht verbære.
neve, noch lâz mich in bestên:
sol immer sîn unprîs ergên,
mîn hant im schaden vüeget,
des in vür wâr genüeget.
15 mir ist mîn reht hie wider gegeben:
ich mac geselleclîche leben,
lieber neve, nû gein dir.
denke erkander sippe an mir
und lâz den kamph wesen mîn.
20 dâ tuon ich manlîch ellen schîn.'
dô sprach mîn her Gâwân:
'mâge und bruoder ich hie hân
bî dem künege von Bertâne vil:
iuwer keinem ich gestaten wil,
25 daz er vür mich vehte.
ich getrûwe des mînem rehte,
süls gelücke walden,
ich müge den prîs behalden.
got lône dir, daz dû biutes strît:
30 es ist aber vür mich noch niht zît.'
702 Artûs die bete hôrte:
daz gespræche er zestôrte,

mit in wider an den rinc er saz.
Gâwâns schenke niht vergaz,
5 dar entrüegen juncherrelîn
manegen tiuren koph guldîn
mit edelem gesteine.
der schenke gienc niht eine.
dô daz schenken geschach,
10 daz volc vuor gar an sîn gemach.
     dô begundez ouch nâhen der naht.
Parzivâl was sô bedâht,
al sîn harnas er besach.
ob dem iht riemen gebrach,
15 daz hiez er wol bereiten
und wünneclîchen feiten
und einen niuwen schilt gewinnen:
der sîne was ûzen und innen
zehurtiert und ouch zeslagen.
20 man muoste im einen starken tragen.
daz tâten sarjande,
die vil wênec er bekande:
etslîcher was ein Franzeis.
sîn ors, daz der templeis
25 gein im zer tjoste brâhte,
ein knappe des gedâhte,
ez wart nie baz erstrichen sît.
dô was ez naht und slâfes zît:
Parzivâl ouch slâfes phlac.
30 sîn harnas gar vor im dâ lac.
703   ouch rou den künec Gramoflanz,
daz ein ander man vür sînen kranz
des tages hete gevohten:
dâ getorsten noch enmohten
5 die sîne daz niht gescheiden.
er begundez sêre leiden,
daz er sich versûmet hæte.
waz der helt dô tæte?
wande er ê prîs bejagete,
10 rehte indes, dôz tagete,
was sîn ors gewâpent und sîn selbes lîp.

ob gæben rîchelôsiu wîp
sîner zimierde stiure?
ez was sus alsô tiure.
15 er zierte den lîp durch eine maget:
der was er dienstes unverzaget.
er reit eine ûf die warte.
den künec daz müete harte,
daz der werde Gâwân
20 niht schiere kom ûf den plân.
  nû hete ouch sich vil gar verholn
Parzivâl her ûz verstoln.
ûz einer banier er nam
ein starkez sper von Angram,
25 er hete ouch al sîn harnas an.
der helt reit al eine dan
gein den ronen spiegelîn,
aldâ der kamph solde sîn.
er sach den künec halden dort.
30 ê daz deweder ie wort

704 zem andern gespræche,
man giht, ieweder stæche
den andern durch des schiltes rant,
daz die sprîzen von der hant
5 ûf durch den luft sich wunden.
mit der tjost si beide kunden
und sus mit anderm strîte.
ûf des angers wîte
wart daz tou zevüeret
10 und die helme gerüeret
mit scharphen ecken, die wol sniten.
unverzagetlîch si beide strîten.
dâ wart der anger getret,
an maneger stat daz tou gewet.
15 des riuwent mich die bluomen rôt
und mêr die helde, die dâ nôt
dolten âne zageheit.
wem wære daz liep âne leit,
dem si niht hêten getân?
20 dô bereite ouch sich her Gâwân

gein sînes kamphes sorgen.
ez was wol mitter morgen,
ê man vriesch daz mære,
daz dâ vermisset wære
25 Parzivâles des küenen.
ob erz welle süenen?
dem gebârte er ungelîche:
er streit sô manlîche
mit dem, der ouch strîtes phlac.
30   nû was ez hôch ûf den tac.
705 Gâwâne ein bischof messe sanc.
von storje wart dâ grôz gedranc:
ritter unde vrouwen
man mohte zorse schouwen
5 an Artûses ringe.
ê daz man dâ gesinge,
der künec Artûs selbe stuont,
dâ die phaffen daz ammet tuont.
dô der bendiz wart getân,
10 dô wâpende sich her Gâwân:
man sach ê tragen den stolzen
sîn îserîne kolzen
an wol geschicketen beinen.
dô begunden vrouwen weinen.
15 daz her zogete ûz über al,
dâ si mit swerten hôrten schal
und viur ûz helmen swingen
und slege mit kreften bringen.
der künec Gramoflanz phlac site,
20 im versmâhte sêre, daz er strite
mit einem man. dô dûhte in nuo,
daz hie sehse griffen strîtes zuo:
ez was doch Parzivâl al ein.
der gein im werlîche schein,
25 er hete in underwîset
einer zuht, die man noch prîset:
er engenam sît nimmer mêre
mit rede an sich die êre,
daz er zwein mannen büte strît,

30 wan einers im ze vil dâ gît,

706
    daz her was komen ze beider sît
ûf den grüenen anger wît
iewederhalp an sîniu zil.
si pruovten diz nîtspil.

5 den küenen wîganden
diu ors wâren gestanden:
dô striten sus die werden
ze vuoz ûf der erden
einen herten strît scharph erkant.

10 diu swert ûf hôhe ûz der hant
wurfen dicke dise recken:
si wandelten die ecken.
sus emphienc der künec Gramoflanz
sûren zins vür sînen kranz.

15 sîner vriundîn künne
leit ouch bî im swache wünne.
sus engalt der werde Parzivâl
Itonjê der lieht gemâl,
der er geniezen solde,

20 ob reht ze rehte wolde.
nâch prîse die vil gevarnen
mit strîte muosten arnen,
einer streit vür vriundes nôt,
dem andern minne daz gebôt,

25 daz er was minne undertân.
    dô kom ouch mîn her Gâwân,
dôz alsus vil nâch was komen,
daz den sic hete aldâ genomen
der stolze küene Wâleis.

30 Brandelidelîn von Punturteis

707
    und Bernout de Riviers
und Afinamus von Klitiers,
mit blôzen houpten dise drî
riten dem strîte nâher bî.

5 Artûs und Gâwân
riten anderhalben ûf den plân
zuo den kamphmüeden zwein.
die vünfe wurden des enein,

si wolden scheiden disen strît.
10 scheidens dûhte rehtiu zît
Gramoflanzen, der sô sprach,
daz er dem siges jach,
den man gein im dâ hete ersehen.
des muoste ouch mêre liute jehen.
15   dô sprach des künec Lôtes sun:
'her künec, ich wil iu hiute tuon,
als ir mir gestern tâtet,
dô ir mich ruowen bâtet.
nû ruowet hînt: des wirt iu nôt.
20 swer iu disen strît gebôt,
der hete iu swache kraft erkant
gein mîner werlîchen hant.
ich bestüende iuch nû wol ein:
nû vehtet aber ir niwan mit zwein.
25 ich wilz morgen wâgen eine,
got ez ze rehte erscheine.'
der künec reit dannen zuo den sîn.
er tet ê fîanze schîn,
daz er smorgens gein Gâwân
30 durch strîten kœme ûf den plân.
708   Artûs ze Parzivâle sprach:
'neve, sît dir sus geschach,
daz dû des kamphes bæte
und manlîche tæte
5 und Gâwân dirz versagete,
daz dîn munt dô sêre klagete,
nû hâstû den kamph iedoch gestriten
gein im, der sîn dâ hete erbiten,
ez wære uns leit oder liep.
10 dû sliche von uns als ein diep:
wir heten anders dîne hant
dises kamphes wol erwant.
nû darf Gâwân des zürnen niht,
swaz man dir dar um prîses giht.'
15 Gâwân sprach: 'mir ist niht leit
mîns neven hôhiu werdekeit.
mirst dennoch morgen alze vruo,

sol ich kamphes grîfen zuo:
wolde michs der künec erlâzen,
20 des jæhe ich im gein mâzen.'
daz her reit în mit maneger schar.
man sach dâ vrouwen wol gevar
und manegen gezimierten man,
daz nie dehein her mêr gewan
25 solher zimierde wunder.
die von der tavelrunder
und diu massenîe der herzogîn,
ir wâpenröcke gâben schîn:
mit phelle von Zinidunte
30 und brâht von Pelpjunte
709 lieht wâren ir kovertiure.
Parzivâl der gehiure
wart in beiden hern geprîset sô,
sîne vriunt des mohten wesen vrô.
5 si jâhen in Gramoflanzes her,
daz ze keiner zît sô wol ze wer
nie kom ritter dehein,
den diu sunne ie überschein:
swaz ze beiden sîten dâ wære getân,
10 den prîs müeste er al eine hân.
dennoch si sîn erkanden niht,
dem ieslîch munt dâ prîses giht.
Gramoflanz si rieten,
er möhte wol enbieten
15 Artûse, daz er næme war,
daz dehein ander man ûz sîner schar
gein im kœme durch vehten,
daz er im sande den rehten:
Gâwân des künec Lôtes sun,
20 mit dem wolde er den kamph tuon.
die boten wurden dan gesant,
zwei wîsiu kint hövesch erkant.
der künec sprach: 'nû sult ir spehen,
wem ir dâ prîses wellet jehen
25 under al den klâren vrouwen.
ir sult ouch sunder schouwen,

bî welher Bêne sitze.
nemt daz in iuwer witze,
in welhen gebærden diu sî.
30 wone ir vreude oder trûren bî,
710 daz sult ir prüeven tougen.
ir seht wol an ir ougen,
ob si nâch vriunde kummer hât.
seht, daz ir des niht enlât,
5 Bênen mîner vriundîn
gebet den brief und diz vingerlîn:
diu weiz wol, wem daz vürbaz sol.
werpt gevuoge, sô tuot ir wol.'
    nû was ez ouch anderhalben sô komen,
10 Itonjê hete vernomen,
daz ir bruoder und der liepste man,
den maget inz herze ie gewan,
mit ein ander vehten solden
und des niht lâzen wolden.
15 dô brast ir jâmer durch die scheme.
swen ir kummers nû gezeme,
der tuotz âne mînen rât,
sît siz ungedienet hât.
beide ir muoter und ir ane
20 die maget vuorten sunder dane
in ein wênec gezelt sîdîn.
Arnîve weiz ir disen pîn,
si strâfte si um ir missetât.
des was et dô kein ander rât:
25 si verjach aldâ unverholn,
daz si lange in hete vor verstoln.
dô sprach diu maget wert erkant:
'sol mir nû mîns bruoder hant
mîns herzen verh versnîden,
30 daz möhte er gerne mîden.'
711 Arnîve zeinem juncherrelîn
sprach: 'nû sage dem sune mîn,
daz er mich balde spreche
und daz al eine zeche.'
5 der knappe Artûsen brâhte.

Arnîve des gedâhte,
si woldez in lâzen hœren,
ob er möhte zestœren,
nâch wem der klâren Itonjê
10 was sô herzenlîche wê.
    des künec Gramoflanzes kint
nâch Artûse komen sint.
die erbeizten ûf dem velde.
vor dem kleinen gezelde
15 einer Bênen sitzen sach
bî der, diu zArtûse sprach:
'giht des diu herzogîn vür prîs,
ob mîn bruoder mir mînen âmîs
sleht durch ir lôsen rât?
20 des möhte er jehen vür missetât.
waz hât der künec im getân?
er solde in mîn geniezen lân.
treget mîn bruoder sinne,
er weiz unser zweier minne
25 sô lûter âne truopheit,
phliget er triuwe, ez wirt im leit.
sol mir sîn hant erwerben
nâch dem künege ein sûrez sterben,
herre, daz sî iu geklaget'
30 sprach zArtûse diu süeze maget.
712 'nû denket, ob ir mîn œheim sît:
durch triuwe scheidet disen strît.'
    Artûs ûz wîsem munde
sprach an der selben stunde:
5 'ouwê, liebiu niftel mîn,
daz dîn jugent sô hôher minne schîn
tuot, daz muoz dir werden sûr.
als tet dîn swester Sûrdâmûr
durch der Kriechen lampriure.
10 süeziu maget gehiure,
den kamph möhte ich wol scheiden,
wesse ich daz an iu beiden,
ob sîn herze undz dîne gesamenet sint.
Gramoflanz Îrôtes kint

15 vert mit sô manlîchen siten,
daz der kamph wirt gestriten,
ez enunderstê diu minne dîn.
gesach er dînen liehten schîn
bî vreuden ie ze keiner stunt
20 und dînen rôten süezen munt?'
si sprach: 'des enist niht geschehen:
wir minnen ein ander âne sehen.
er hât aber mir durch liebe kraft
und durch rehte geselleschaft
25 sîns kleinœtes vil gesant:
er emphienc ouch von mîner hant,
daz zer wâren liebe hôrte
und uns beiden zwîvel stôrte.
der künec ist an mir stæte
30 âne valsches herzen ræte.'

713   dô erkande wol vrou Bêne
dise knappen zwêne,
des künec Gramoflanzes kint,
die nâch Artûse komen sint.
5 si sprach: 'hie solde niemen stên.
welt ir, ich heize vürder gên
daz volc ûz den snüeren.
wil mîne vrouwen rüeren
solh ungenâde um ir trût,
10 daz mære kumt schiere über lût.'
vrou Bêne her ûz wart gesant.
der kinde einez in ir hant
smucte den brief undz vingerlîn.
si heten ouch den hôhen pîn
15 von ir vrouwen wol vernomen
und jâhen des, si wæren komen
und wolden Artûsen sprechen,
ob si daz ruochte zechen.
si sprach: 'stêt verre dort hin dan,
20 unz ich iuch gêns zuo mir man.'
von Bênen der süezen maget
in dem gezelte wart gesaget,
daz Gramoflanzes boten dâ

    wæren unde vrâcten, wâ
25 Artûs der künec wære.
  'daz dûhte mich ungebære,
  ob ich in zeicte an diz gespræche.
  seht denne, waz ich ræche
  an mîner vrouwen, ob si sie
30 alsus sæhen weinen hie.'
714   Artûs sprach: 'sint ez die knaben,
  die ich an den rinc nâch mir sach draben?
  daz sint von hôher art zwei kint.
  waz ob si sô gevüege sint,
5 gar bewart vor missetât,
  daz si wol gênt an disen rât?
  eintweder phliget der sinne,
  daz er sîns herren minne
  an mîner nifteln wol siht.'
10 Bêne sprach: 'des enweiz ich niht.
  herre, macz mit hulden sîn,
  der künec hât diz vingerlîn
  dâ her gesant und disen brief:
  dô ich nû vürz poulûn lief,
15 der kinde einez gap in mir.
  vrouwe, sêt, den nemet ir.'
  dô wart der brief vil gekust,
  Itonjê dructe in an ir brust.
  dô sprach si: 'herre, nû seht hie an,
20 ob mich der künec minne man.'
  Artûs nam den brief in die hant,
  dar an er geschriben vant
  von dem, der minnen kunde,
  waz ûz sîn selbes munde
25 Gramoflanz der stæte sprach.
  Artûs an dem brieve sach,
  daz er mit sînem sinne
  sô endehafte minne
  bî sînen zîten nie vernam.
30 dâ stuont, daz minne wol gezam:
715 'ich grüeze, die ich grüezen sol,
  daz ich mit dienste grüezen hol:

vrouwelîn, ich meine dich,
sît dû mit trôste trœstes mich.
5 unser minne gebent geselleschaft.
daz ist wurzel mîner vreude kraft:
dîn trôst vür ander trôste wiget,
sît dîn herze gein mir triuwen phliget.
dû bist slôz ob mîner triuwe
10 und ein vlust mîns herzen riuwe.
dîn minne gît mir helfe rât,
daz deheiner slahte untât
an mir nimmer wirt gesehen.
ich mac wol dîner güete jehen
15 stæte âne wenken sus:
als pôlus artanticus
gein dem tremuntâne stêt,
der neweder von der stete gêt,
unser minne sol in triuwen stên
20 und niht von ein ander gên.
nû gedenke an mir, werdiu maget,
waz ich dir kummers hân geklaget:
wis dîner helfe an mir niht laz.
ob dich iemen durch mînen haz
25 von mir welle scheiden,
sô denke, daz uns beiden
diu minne mac wol lônen.
dû solt vrouwen êren schônen
und lâz mich sîn dîn dienestman:
30 ich wil dir dienen, swaz ich kan.'
716   Artûs sprach: 'niftel, dû hâs wâr,
der künec dich grüezet âne vâr.
dirre brief tuot mir mære kunt,
daz ich sô wunderlîchen vunt
5 gein minne nie gemezzen sach.
dû solt im sîn ungemach
wenden, alsô sol er dir.
lât ir daz beidiu her ze mir:
ich wil den kamph undervarn.
10 die wîle soltû weinen sparn.
nû wære dû doch gevangen:

sage mir, wiest daz ergangen,
daz ir ein ander wurdet holt?
dû solt im dîner minne solt
15 teilen, dâ wil er dienen nâch.'
Itonjê, Artûs niftel, sprach:
'sist hie, diu daz zesamene truoc.
unser enwederius nie gewuoc.
welt ir, si vüeget wol, daz ich in sihe,
20 dem ich mînes herzen gihe.'
Artûs sprach: 'die zeige mir.
mac ich, sô vüege ich im und dir,
daz iuwer wille dran gestêt
und iuwer beider vreude ergêt.'
25 Itonjê sprach: 'ez ist Bêne.
ouch sint sîner knappen zwêne
alhie. muget ir versuochen,
welt ir mîns lebens ruochen,
ob mich der künec welle sehen,
30 dem ich muoz mîner vreuden jehen?'
717   Artûs der wîse hövesche man
gienc her ûz ze den kinden sân:
er gruozte si, dô er si sach.
der kinde einez zim dô sprach:
5 'herre, der künec Gramoflanz
iuch bitet, daz ir machet ganz
gelübede, diu dâ sî getân
zwischen im und Gâwân,
durch iuwer selbes êre.
10 herre, er bitet iuch mêre,
daz dehein ander man im vüere strît.
iuwer her ist sô wît,
solde er si alle übervehten,
daz engelîchte niht dem rehten.
15 ir sult Gâwânen lâzen komen,
gein dem der kamph dâ sî genomen.'
der künec sprach zen kinden:
'ich wil uns des enbinden.
mînem neven geschach nie grœzer leit,
20 daz er selbe dâ niht streit.

der mit iuwerm herren vaht,
dem was der sic wol geslaht:
ez ist Gahmuretes kint.
alle, die in drîen hern sint
25 komen von allen sîten,
die envrieschen nie gein strîten
deheinen man sô manlîch.
sîn tât dem prîse ist gar gelîch:
ez ist mîn neve Parzivâl.
30 ir sult in sehen, den lieht gemâl.
718   durch Gâwânes triuwe nôt
leiste ich, daz mir der künec enbôt.'
    Artûs und Bêne
und dise knappen zwêne
5 riten her unde dar.
er liez diu kint nemen war
liehter blicke an maneger vrouwen.
si mohten ouch dâ schouwen
ûf den helmen manec gesnürre.
10 wênec daz noch würre
einem man, der wære rîche,
gebârte er geselleclîche.
si kômen niht von den pherden.
Artûs liez die werden
15 über al daz her diu kinder sehen,
dâ si den wunsch mohten spehen,
ritter, megede unde wîp,
manegen vlætegen lîp.
des hers wâren driu stücke,
20 dâ zwischen zwuo lücke.
Artûs reit mit den kinden dan
von dem her verre ûf den plân.
    dô sprach er: 'Bêne, süeziu maget,
dû hœrs wol, waz mir hât geklaget
25 Itonjê, mîner swester barn:
diu kan ir weinen wênec sparn.
daz gelouben mîne gesellen,
die hie habent, ob si wellen:
Itonjê hât Gramoflanz

30 verleschet nâch ir liehten glanz.
719 nû helfet mir, ir zwêne
und ouch dû, vriundîn Bêne,
daz der künec her zuo mir rîte
und den kamph doch morgen strîte.
5 mînen neven Gâwân
bringe ich gein im ûf den plân.
rîtet der künec hiute in mîn her,
erst morgen al deste baz ze wer.
hie gît diu minne im einen schilt,
10 des sînen kamphgenôz bevilt:
ich meine gein minne hôhen muot,
der bî den vînden schaden tuot.
er sol hövesche liute bringen:
ich wil hie tegedingen
15 zwischen im und der herzogîn.
nû werbetz, trûtgesellen mîn,
mit vuoge: des habet ir êre.
ich sol iu klagen mêre:
waz hân ich unsælec man
20 dem künege Gramoflanz getân,
sît er gein mînem künne phliget,
daz in lîhte unhôhe wiget,
minne und unminne grôz?
ein ieslîch künec mîn genôz
25 mîn gerne möhte schônen.
wil er nû mit hazze lônen
ir bruoder, diu in minnet,
ob er sichs versinnet,
sîn herze tuot von minnen wanc,
30 swenne ez in lêret den gedanc.'
720 der kinde einz zem künege sprach:
'herre, swes ir vür ungemach
jeht, daz sol mîn herre lân,
wil er rehte vuoge hân.
5 ir wizzet wol um den alden haz:
mînem herren stêt belîben baz,
denne daz er dâ her zuo ziu rite.
diu herzoginne phliget noch site,

daz si im ir hulde hât versaget
10 und manegem man ab im geklaget.'
'er sol mit wênec liuten komen'
sprach Artûs. 'die wîle hân ich genomen
vride vür den selben zorn
von der herzoginne wol geborn.
15 ich wil im guot geleite tuon:
Bêâkurs mîner swester sun
nimt in dort an halbem wege.
er sol varn in mîns geleites phlege:
des darf er niht vür laster jehen.
20 ich lâze in werde liute sehen.'
mit urloube si vuoren dan:
Artûs hielt eine ûf dem plân,
Bêne und diu zwei kindelîn
ze Rosche Sabînes riten în,
25 anderhalben ûz, dâz her lac.
    dô engelebete nie sô lieben tac
Gramoflanz, dô in gesprach
Bêne und diu kint. sîn herze jach,
im wære alsolhiu mære brâht,
30 der sælde gein im hete erdâht.
721   er sprach, er wolde gerne komen.
dâ wart geselleschaft genomen:
sînes landes vürsten drî
riten dem künege dannen bî.
5 als vuor ouch der œheim sîn,
der künec Brandelidelîn,
Bernout de Riviers
und Afinamus von Klitiers.
ieweder einen gesellen nam,
10 der ûf die reise wol gezam:
zwelfe wâren ir über al.
juncherrelîn vil âne zal
und manec starker sarjant
ûf die reise wart benant.
15 welh der ritter kleider möhten sîn?
phellel, der vil liehten schîn
gap von des goldes swære.

des küneges valkenære
mit im dan durch beizen riten.
20   nû hete ouch Artûs niht vermiten,
Bêâkurs den lieht gevar
sande er ze halbem wege aldar
dem künege zeinem geleite.
über des gevildes breite,
25 ez wære tîch oder bach,
swâ er die passâschen sach,
dâ reit der künec beizen her
und mêre durch der minne ger.
Bêâkurs in dâ emphienc,
30 sô daz ez mit vreude ergienc.
722   mit Bêâkurse komen sint
mêr danne vünfzec klâriu kint,
die von ir arte gâben liehten schîn,
herzogen unde grævelîn.
5 dâ reit ouch etslîch küneges sun.
dô sach man grôz emphâhen tuon
von den kinden ze beider sît:
si emphiengen ein ander âne nît.
Bêâkurs phlac varwe lieht:
10 der künec sich vrâgens sûmte niht,
Bêne im sagete mære,
wer der klâre ritter wære:
'ez ist Bêâkurs, Lôtes kint.'
dô dâhte er: 'herze, nû vint
15 si, diu dem gelîche.
der hie rîtet sô minneclîche,
si ist vür wâr sîn swester.
diu geworht in Sinzester
mit ir sparwære sande mir den huot,
20 ob si mir mêr genâde tuot,
al irdeschiu rîcheit,
ob diu erde wære noch alsô breit,
dâ vür næme ich si einen.
si solz mit triuwen meinen:
25 ûf ir genâde kum ich hie.
si hât mich sô getrœstet ie,

    ich getrûwe ir wol, daz si mir tuot,
    dâ von sich hœhet baz mîn muot.'
    in nam ir klâren bruoder hant
30 in die sîne, diu was ouch lieht erkant.
723   nû was ez ouch in dem her sô komen,
    Artûs hete aldâ genomen
    vride von der herzogin.
    der was ergetzens gewin
  5 komen nâch Zidegaste,
    den si ê klagete sô vaste.
    ir zorn was nâch verdecket,
    si hête gewecket
    von Gâwân etslîch ummevanc:
10 dâ von ir zürnen was sô kranc.
    Artûs der Bertenois
    nam die klâren vrouwen kurtois,
    beide megede unde wîp,
    die truogen vlæteclîchen lîp.
15 er hete der werden hundert
    in ein gezelt gesundert.
    niht lieber möhte ir sîn geschehen,
    wan daz si den künec solde sehen,
    Itonjê, diu ouch dâ saz.
20 stæter vreude si niht vergaz:
    doch kôs man an ir ougen schîn,
    daz si diu minne lêrte pîn.
    dâ saz manec ritter lieht gemâl:
    doch truoc der werde Parzivâl
25 den prîs vor ander klârheit.
    Gramoflanz an die snüere reit.
    dô vuorte der künec unervorht
    in Gamfassâsche geworht
    einen phelle mit golde vesten,
30 der begunde verre glesten.
724   si erbeizten, die dâ komen sint.
    des künec Gramoflanzes kint
    manegiu vor im sprungen,
    inz poulûn si sich drungen.
  5 die kameræere en widerstrît

    rûmten eine strâzen wît
    gein der Berteneise künegîn.
    sîn œheim Brandelidelîn
    vor dem künege inz poulûn gienc:
10 Ginôvêr den mit kusse emphienc.
    der künec wart ouch emphangen sus.
    Bernouten und Afinamus
    die künegîn man ouch küssen sach.
      Artûs ze Gramoflanze sprach:
15 'ê ir sitzens beginnet,
    seht, ob ir deheine minnet
    dirre vrouwen, und küsset sie.
    iu beiden sî daz erloubet hie.'
    im sagete, wer sîn vriundîn was,
20 ein brief, den er ze velde las:
    ich meine, daz er ir bruoder sach,
    diu im vor al der werlde jach
    ir werden minne tougen.
    Gramoflanzes ougen
25 si erkanden, diu im minne truoc.
    sîn vreude hôch was genuoc,
    sît Artûs hete erloubet daz,
    daz si beide ein ander âne haz
    mit gruoze emphâhen tâten kunt.
30 er kuste Itonjê an den munt.
725 der künec Brandelidelîn
    saz ze Ginovêren der künegîn.
    ouch saz der künec Gramoflanz
    ze der, diu ir liehten glanz
5 mit weinen hete begozzen.
    daz hete si sîn genozzen:
    er enwelle unschulde rechen,
    sus muoste er hin zir sprechen,
    sîn dienst nâch minnen bieten.
10 si kunde ouch sich des nieten,
    daz si im dancte um sîn komen.
    ir rede von niemen wart vernomen:
    si sâhen ein ander gerne.
    swenne ich nû rede gelerne,

15 sô prüeve ich, waz si spræchen dâ,
eintweder nein oder jâ.
    Artûs ze Brandelidelîn
sprach: 'ir habet dem wîbe mîn
iuwer mære nû genuoc gesaget.'
20 er vuorte den helt unverzaget
in ein minner gezelt
kurzen wec überz velt.
Gramoflanz saz stille
(daz was Artûses wille)
25 und ander die gesellen sîn.
dâ gâben vrouwen klâren schîn,
daz die ritter wênec dâ verdrôz.
ir kurzwîle was sô grôz,
si möhte ein man noch gerne doln,
30 der nâch sorgen vreude wolde erholn.
726   vür die künegîn man dô truoc
daz trinken. trunken si genuoc,
die ritter und die vrouwen gar,
si wurden deste baz gevar.
5 man truoc ouch trinken dort hin în
Artûs und Brandelidelîn.
der schenke gienc her wider dan.
    Artûs sîn rede alsus huop an:
'her künec, nû lât siz alsô tuon,
10 daz der künec, iuwer swester sun,
mîner swester sun mir hete erslagen:
wolde er denne minne tragen
gein mîner niftel, der maget,
diu im ir kummer ouch dort klaget,
15 dâ wir si liezen sitzen,
vüere si denne mit witzen,
si würde im nimmer dar um holt
und teilte im solhen hazzes solt,
des den künec möhte erdriezen,
20 wolde er ir iht geniezen.
swâ haz die minne undervert,
dem stæten herzen vreude er wert.'
dô sprach der künec von Punturtois

zArtûse dem Bertenois:
25 'herre, si sint unser swester kint,
die gein ein ander in hazze sint:
wir suln den kamph understên.
dâ enmac niht anders an ergên,
wan daz si ein ander minnen
30 mit herzenlîchen sinnen.
727 iuwer niftel Itonjê
sol mînem neven gebieten ê,
daz er den kamph durch si verber,
sî daz er ir minne ger.
5 sô wirt vür wâr der kamph vermiten
gar mit strîteclîchen siten.
und helfet ouch dem neven mîn
hulde dâ zer herzogîn.'
Artûs sprach: 'daz wil ich tuon.
10 Gâwân mîner swester sun
ist wol sô gewaldec ir,
daz si beidiu im und ouch mir
durch ir zuht die schulde gît.
sô scheidet ir disehalp den strît.'
15 'ich tuon' sprach Brandelidelîn.
si giengen beide wider în.
dô saz der künec von Punturtois
ze Ginovêren, diu was kurtois.
anderhalben ir saz Parzivâl:
20 der was ouch sô lieht gemâl,
nie ouge ersach sô schœnen man.
Artûs der künec der huop sich dan
ze sînem neven Gâwân.
dem was ze wizzene getân,
25 der künec Gramoflanz wære komen.
dô wart ouch schier vor im vernomen,
daz Artûs erbeizte vor dem gezelt:
gein dem spranc er ûf daz velt.
si truogen daz ze samene dâ,
30 daz diu herzogîn sprach suone jâ,
728 aber anders niht deheinen wîs,
wan ob Gâwân ir âmîs

wolde den kamph durch si verbern,
sô wolde ouch si der suone wern:
5 diu suone würde von ir getân,
ob der künec wolde lân
bîziht ûf ir sweher Lôt.
bî Artûs si daz dan enbôt.
Artûs d'er wîse hövesche man
10 disiu mære brâhte dan.
dô muoste der künec Gramoflanz
verkiesen um sînen kranz
und swaz er hazzes phlæge
gein Lôt von Norwæge,
15 der zegienc als in der sunnen snê
durch die klâren Itonjê
lûterlîche âne allen haz.
daz ergienc, die wîle er bî ir saz:
aller ir bete er volge jach.
20   Gâwânen man dort komen sach
mit klârlîchen liuten:
ich enmöhte iu niht gar bediuten
ir namen und wannen si wâren erborn.
dâ wart durch liebe leit verkorn:
25 Orgelûse diu fiere
und ir werden soldiere
und ouch diu Klinschores schar,
ir ein teil (si enwârenz niht gar)
sach man mit Gâwâne komen.
30 Artûs gezelte wart genomen
729 diu winde von dem huote.
Arnîve diu guote,
Sangîve und Kundrîê,
die hete Artûs gebeten ê
5 an dirre suone tegedinc.
swer prüevet daz vür kleiniu dinc,
der grœze, swaz er welle.
Jofreit, Gâwâns geselle,
vuorte die herzoginne lieht erkant
10 underz poulûn an sîner hant.
diu phlac durch zuht der sinne,

die drî küneginne
liez si vor ir gên dar în.
die kuste Brandelidelîn:
15 Orgelûse in ouch mit kusse emphienc.
   Gramoflanz durch suone gienc
und ûf genâde gein ir dar.
ir süezer munt rôt gevar
den künec durch suone kuste,
20 dar um si weinens luste:
si dâhte an Zidegastes tôt.
dô twanc si wîplîchiu nôt
nâch im dennoch ir riuwe.
welt ir, des jeht vür triuwe.
25 Gâwân und Gramoflanz
mit kusse ir suone ouch machten ganz.
Artûs gap Itonjê
Gramoflanz ze rehter ê.
dâ hete er vil gedienet nâch.
30 Bêne was vrô, dô daz geschach.
730 den ouch ir minne lêrte pîn,
dem herzogen von Gôwerzîn,
Lischoise wart Kundrîê gegeben:
âne vreude stuont sîn leben,
5 unz er ir werden minne emphant.
dem turkoiten Flôrant
Sangîven Artûs ze wîbe bôt:
die hete dâ vor der künec Lôt,
der vürste ouch si vil gerne nam.
10 diu gâbe minne wol gezam.
Artûs was vrouwen milte,
solher gâbe in niht bevilte:
des was mit râte vor erdâht.
   nû disiu rede wart volbrâht,
15 dô sprach diu herzoginne,
daz Gâwân hete ir minne
gedient mit prîse hôch erkant,
daz er ir lîbes und über ir lant
von rehte herre wære.
20 diu rede dûhte swære

ir soldier, die manec sper
ê brâchen durch ir minne ger.
Gâwân und die gesellen sîn,
Arnîve und diu herzogîn
25 und manec vrouwe lieht gemâl
und ouch der werde Parzivâl,
Sangîve und Kundrîê
nâmen urloup: Itonjê
beleip bî Artûse dâ.
30 nû darf niemen sprechen, wâ
731 schœner hôchgezît ergienc.
Ginôvêr in ir phlege emphienc
Itonjê und ir âmîs,
den werden künec, der manegen prîs
5 mit ritterschefte ê dicke erranc,
des in Itonjê minne twanc.
ze herbergen maneger reit,
dem hôhiu minne vuocte leit.
des nahtes um ir ezzen
10 muge wir mære wol vergezzen.
swer dâ werder minne phlac,
der wunschte der naht vür den tac.
   der künec Gramoflanz enbôt
(des twanc in hôchverte nôt)
15 ze Rosche Sabînes den sînen,
si solden sich des pînen,
daz si abe bræchen bî dem mer
und vor tage kœmen mit sînem her
und daz sîn marschalc næme
20 stat, diu her gezæme.
'mir selben prüevet hôhiu dinc,
ieslîchem vürsten sunderrinc.'
des wart diu hôhe koste erdâht.
die boten vuoren: dô was ez naht.
25 man sach dâ manegen trûregen lîp,
den daz gelêret heten wîp,
wan swem sîn dienst verswindet,
daz er niht lônes vindet,
dem muoz gein sorgen wesen gâch,

    30 dâ enreiche wîbe helfe nâch.
732   nû dâhte aber Parzivâl
       an sîn wîp die lieht gemâl
       und an ir kiuschen süeze.
       ob er keine ander grüeze,
     5 daz er dienst nâch minnen biete
       und sich unstæte niete?
       solh minne wirt von im gespart.
       grôz triuwe hete im sô bewart
       sîn manlîch herze und ouch den lîp,
    10 daz vür wâr nie ander wîp
       wart gewaldec sîner minne,
       niwan diu küneginne
       Kondwîrâmûrs,
       diu geflôrierte bêâ flûrs.
    15   er dâhte: 'sît ich minnen kan,
       wie hât diu minne an mir getân?
       nû bin ich doch ûz minne erborn:
       wie hân ich minne alsus verlorn?
       [sol ich nâch dem grâle ringen,
    20 sô muoz mich immer twingen
       ir kiuschlîcher ummevanc,
       von der ich schiet, des ist ze lanc.]
       sol ich mit den ougen vreude sehen
       und muoz mîn herze jâmers jehen?
    25 diu werc stênt ungelîche.
       hôhes muotes rîche
       wirt niemen solher phlihte.
       gelücke mich berihte,
       waz mirz wægeste drum sî.'
    30 im lac sîn harnas nâhe bî.
733   er dâhte: 'sît ich mangel hân,
       daz den sældehaften undertân
       ist, ich meine die minne,
       diu maneges trûregen sinne
     5 mit vreuden helfe ergeilet,
       sît ich des bin verteilet,
       ich enruoche nû, waz mir geschiht.
       got wil mîner vreude niht.

    diu mich twinget minnen gir,
10 stüende unser minne, mîn und ir,
    daz scheiden dar zuo hôrte,
    sô daz uns zwîvel stôrte,
    ich möhte wol zander minne komen:
    nû hât ir minne mir benomen
15 ander minne und vreudebæren trôst.
    ich bin trûrens unerlôst.
    gelücke müeze vreude wern,
    die endehafter vreude gern:
    got gebe vreude al disen scharn.
20 ich wil ûz disen vreuden varn.'
      er greif, dâ sîn harnas lac,
    des er dicke al eine phlac,
    daz er sich balde wâpende drîn.
    nû wil er werben niuwen pîn.
25 dô der vreudenvlühtec man
    hête al sîn harnas an,
    er sateltez ors mit sîner hant.
    schilt und sper bereit er vant.
    man hôrte sîn reise smorgens klagen.
30 dô er dannen schiet, dô begundez tagen.

XV.

734 Vil liute des hât verdrozzen,
den diz mære was vor beslozzen:
genuoge kundenz nie ervarn
(nû wil ich daz niht langer sparn,
5 ich tuonz iu kunt mit rehter sage,
wande ich in dem munde trage
daz slôz dirre âventiure),
wie der süeze und der gehiure
Amfortas wart wol gesunt.
10 uns tuot diu âventiure kunt,
wie von Pelrapeire diu künegin
ir kiuschen wîplîchen sin
behielt unz an ir lônes stat,
dâ si in hôhe sælde trat:
15 Parzivâl daz wirbet.
ob mîn kunst niht verdirbet,
ich sage alrêst sîn arbeit.
swaz sîn hant ie gestreit,
daz was mit kinden her getân.
20 möhte ich dises mæres wandel hân,
ungerne wolde ich in wâgen:
des kunde ouch mich betrâgen.
nû bevilhe ich sîn gelücke
sînem herzen, der sælden stücke,
25 dâ diu vrevel bî der kiusche lac,
wande ez nie zageheit gephlac.
daz müeze im vestenunge geben,
daz er behalde nû sîn leben,
sît ez sich hât an den gezoget,

735 30 in bestêt ob allem strîte ein voget
        ûf sîner unverzageten reise.
        der selbe kurteise
        was ein heidenscher man,
        der toufes künde nie gewan.

     5   Parzivâl reit balde
        gein einem grôzen walde
        ûf einer liehten waste
        gein einem rîchen gaste.
        ez ist wunder, ob ich armer man
    10 die rîcheit iu gesagen kan,
        die der heiden vür zimierde truoc.
        sage ich des mêre denne genuoc,
        dennoch mac ichs iu mêr wol sagen,
        wil ich sîner rîcheit niht gedagen.
    15 swaz diende Artûses hant
        ze Bertâne und in Engellant,
        daz vergülte niht die steine,
        die mit edelem arte reine
        lâgen ûf des heldes wâpenroc.
    20 der was tiure âne al getroc:
        rubîne, kalzidône
        wâren dâ ze swachem lône.
        der wâpenroc gap blanken schîn.
        in dem berge zAgremuntîn
    25 die würme salamander
        in worhten zein ander
        in dem heizen viure.
        die wâren steine tiure
        lâgen drûfe tunkel unde lieht:
    30 ir art mac ich benennen niht.
736   sîn gir stuont nâch minne
        und nâch prîses gewinne:
        daz gâben ouch allez meistec wîp,
        dâ mite der heiden sînen lîp
     5 kostenlîch zimierte.
        diu minne kondewierte
        in sîn manlîch herze hôhen muot,

als si noch dem minne gernden tuot.
er truoc ouch durch prîses lôn
10 ûf dem helme ein ezidemôn:
swelhe würme sint eiterhaft,
von des selben tierlînes kraft
hânt si lebens deheine vrist,
swenne ez von in ersmecket ist.
15 Topedissimonte
und Assigarzjonte,
Tasmê und Arâbî
sint vor solhem phelle vrî,
als sîn ors truoc kovertiure.
20 der ungetoufte gehiure
ranc nâch wîbe lône:
des zimierte er sich sus schône.
sîn hôhez herze in des betwanc,
daz er nâch werder minne ranc.
25   der selbe werlîche knabe
hete in einer wilden habe
zem fôreht geankert ûf dem mer.
er hete vünf und zweinzec her,
der neheinez sandern rede vernam:
30 als sîner rîcheit wol gezam,
737   alsus manec sunderlant
diende sîner werden hant,
môre und ander Sarrazîne.
mit ungelîchem schîne
5 in sînem wît gesamenten her
was manec wunderlîchiu wer.
ouch reit nâch âventiure dan
von sînem her dirre eine man
durch baneken inz fôreht.
10   sît si selbe nâmen in daz reht,
die künege ich lâze rîten,
al eine nâch prîse strîten.
Parzivâl reit niht eine:
dâ was mit im gemeine
15 er selbe und ouch sîn hôher muot,
der sô manlîch wer dâ tuot,

daz ez diu wîp solden loben,
si enwolden denne durch lôsheit toben.
hie wellent ein ander vâren,
20 die mit kiusche lemmer wâren
und lewen an der vrecheit.
ouwê, sît diu erde was sô breit,
daz si ein ander niht vermiten,
die dâ um unschulde striten!
25 ich sorge des, den ich hân brâht,
wan daz ich trôstes hân gedâht,
in sül des grâles kraft ernern.
in sol ouch diu minne wern:
den was er beiden dienesthaft
30 âne wanc mit dienestlîcher kraft.
738   mîn kunst mir des niht witze gît,
daz ich gesage disen strît
bescheidenlîche, als er ergienc.
ieweders ouge blic emphienc,
5 daz er den andern komen sach.
sweders herze dar um vreuden jach,
dâ stuont ein trûren nâhe bî.
die lûtern truopheite vrî,
ieweder des andern herze truoc:
10 ir vremde was heimlîch genuoc.
nû enmac ich disen heiden
von dem getouften niht gescheiden,
si enwellen haz erzeigen.
daz solde in vreude neigen,
15 die sint erkant vür guotiu wîp.
ieweder durch vriundinne lîp
sîn verh gein der herte bôt.
gelücke scheidez âne tôt.
den lewen sîn muoter tôt gebirt:
20 von sîns vater galme er lebendec wirt.
dise zwêne wâren ûz krache erborn,
von maneger tjost nâch prîse erkorn:
si kunden ouch mit tjoste.
mit sper zernder koste
25 leischierende si die zoume

kurzten und tâten goume,
swenne si punierten,
daz si niht feilierten.
si phlâgens unvergezzen:
30 dâ wart vaste gesezzen
und gein der tjost geschicket
und diu ors mit sporn gezwicket.
hie wart diu tjost alsô geriten,
beidiu kollier versniten
5 von starken spern, diu sich niht bugen.
die sprîzen von der tjoste vlugen.
ez hete der heiden gar vür haz,
daz dirre man vor im gesaz,
wan des nie man vor im gephlac,
10 gein dem er strîtes sich bewac.
ob si iht swerte vuorten,
dâ si zein ander ruorten?
diu wâren dâ scharph und al bereit.
ir kunst und ir manheit
15 wart dâ erzeiget schiere.
ezidemôn dem tiere
wart etslîch wunde geslagen,
ez mohte der helm dar under klagen.
diu ors vor müede wurden. heiz.
20 si versuochten manegen niuwen kreiz:
si beide ab orsen sprungen.
alrêst diu swert erklungen.
    der heiden tet dem getouften wê.
des krîe was Tasmê
25 und swenne er schrîte Tabronit,
sô trat er vürbaz einen trit.
werlîch was der getoufte
ûf manegem dræten loufte,
den si zein ander tâten.
30 ir strît was sô gerâten,
daz ich die rede mac niht verdagen,
ich enmüeze ir strît mit triuwen klagen,
sît ein verh und ein bluot
solh ungenâde ein ander tuot:

  5 si wâren doch beide eins mannes kint,
der geliuterten triuwe fundamint.
den heiden minne nie verdrôz.
des was sîn herze in strîte grôz:
gein prîse truoc er willen
10 durch die künegîn Sekundillen.
diu daz lant ze Tribalibôt
im gap, diu was sîn schilt in nôt.
der heiden nam an strîte zuo:
wie tuon ich dem getouften nuo?
15 er enwelle an minne denken,
sô enmac er niht entwenken,
dirre strît müeze im erwerben
von sheidens hant ein sterben.
daz wende, tugenthafter grâl,
20 Kondwîrâmûrs diu lieht gemâl,
hie stêt iuwer beider dienestman
in der grœsten nôt, die er ie gewan.
    der heiden warf daz swert ûf hôch.
manec sîn slac sich sus gezôch,
25 daz Parzivâl kom ûf diu knie.
man mac wol jehen, sus striten sie,
der si beide nennen wil ze zwein.
si wâren doch beide niht wan ein:
mîn bruoder und ich daz ist ein lîp,
30 als ist guot man und des guot wîp.

741   der heiden tet dem getouften wê.
des schilt was holz, hiez aspindê:
daz vûlet noch enbrinnet.
er was von ir geminnet,
  5 diu in im gap, des sît gewis.
turkoise, krisoprassis,
smârâde, rubîne,
vil steine mit sunderschîne
wâren verwiert durch kostenlîchen prîs
10 alumme ûf diu buckelrîs.
ûf dem buckelhûse stuont
ein stein, des namen tuon ich iu kunt:
antrax dort genennet,

karfunkel hie bekennet.
15 durch der minne kondewier
ezidemôn daz reine tier
hete im ze wâpene gegeben,
in der genâden er wolde leben,
diu künegîn Sekundille.
20 diz wâpen was ir wille.
  dâ streit der triuwen lûterheit,
grôz triuwe aldâ mit triuwen streit.
durch minne heten si gegeben
mit kamphe ûf urteil beide ir leben:
25 ieweders hant was sicherbote.
der getoufte wol getrûte gote,
sît er von Trevrezente schiet,
der im sô herzenlîche riet,
er solde helfe an den gern,
30 der in sorge vreude kunde wern.
742 der heiden truoc et starkiu lit.
swenne er schrîte Tabronit,
dâ diu künegîn Sekundille was,
vor der muntâne ze Kaukasas,
5 sô gewan er niuwen hôhen muot
gein dem, der ie was behuot
vor solhem strîtes überlast:
er was schumfentiure ein gast,
daz er si nie gedolte,
10 doch si maneger zim erholte.
mit kunst si die arme erswungen.
viurs blicke ûz helmen sprungen,
von ir swerten gienc der sûre wint.
got ner dâ Gahmuretes kint.
15 der wunsch wirt in beiden,
dem getouften und dem heiden:
die nande ich ê vür einen.
sus begunden siz ouch meinen,
wæren si ein ander baz bekant:
20 si ensazten niht sô hôhiu phant.
ir strît galt niht mêre
wan vreude, sælde und êre.

swer dâ den prîs gewinnet,
ob der triuwe minnet,
25 werltlîche vreude er hât verlorn
und immer herzen riuwe erkorn.
    wes sûmestû dich, Parzivâl,
daz dû an die kiuschen lieht gemâl
niht denkes, ich meine dîn wîp?
30 wiltû behalden hie den lîp?
743   der heiden truoc zwuo geselleschaft,
dar an doch lac sîn meistiu kraft:
einiu daz er minne phlac,
diu mit stæte in sînem herzen lac,
5 daz ander wâren steine,
die mit edelem arte reine
in hôchgemüete lêrten
und sîne kraft gemêrten.
mich müet, daz der getoufte
10 an strîte und an loufte
sus müedet und an starken slegen.
ob im nû niht gehelfen megen
Kondwîrâmûrs noch der grâl,
werlîcher Parzivâl,
15 sô müezes einen trôst doch haben,
daz die klâren süezen knaben
sus vruo niht verweiset sîn,
Kardeiz und Loherangrîn,
die beide lebendec truoc sîn wîp,
20 dô er jungest ummevienc ir lîp.
mit rehter kiusche erworben kint,
ich wæne, diu smannes sælde sint.
    der getoufte nam an kreften zuo.
er dâhte (des was im niht ze vruo)
25 an sîn wîp, die küneginne,
und an ir werden minne,
die er mit swertes schimphe erranc,
dâ viur von slegen ûz helmen spranc,
vor Pelrapeire an Klâmidê.
30 Tabronît und Tasmê,
744   den wart hie widerruoft gewegen:

Parzivâl begunde ouch phlegen,
daz er Pelrapeire schrîte.
Kondwîrâmûrs bezîte
5 durch vier künecrîche aldar
sîn nam mit minnen kreften war.
dar sprungen, des ich wæne,
von des heidens schilte spæne,
etslîcher hundert marke wert.
10 von Gaheviez daz starke swert
mit slage ûf sheidens helme brast,
sô daz der küene rîche gast
mit strûche venje suochte.
got des niene ruochte,
15 daz Parzivâl daz rê nemen
in sîner hende solde zemen:
daz swert er Îthêre nam,
als sîner tumpheit dô wol zam.
der ê nie geseic durch swertes swanc,
20 der heiden snellîche ûf dô spranc.
ez ist noch ungescheiden.
zurteile stêz in beiden
vor der hœsten hende,
daz diu ir sterben wende!
25   der heiden was muotes rîche,
der sprach dô höveschlîche
en franzois, daz er kunde,
ûz heidenschem munde:
'ich sihe wol, werlîcher man,
30 dîn strît würde âne swert getân:
745   waz prîses bejagete ich danne an dir?
stant stille unde sage mir,
werlîcher helt, wer dû sîs.
vür wâr dû hetes mînen prîs
5 behabet, der lange ist mich gewert,
wære dir zebrosten niht dîn swert.
nû sî von uns beiden vride,
unz uns geruowen baz diu lide.'
si sâzen nider ûf daz gras:
10 manheit bî zuht an beiden was

und ir beider jâr von solher zît,
zalt noch ze junc si beide ûf strît.
   der heiden zem getouften sprach:
'nû geloube, helt, daz ich gesach
15 bî mînen zîten noch nie man,
der baz den prîs möhte hân,
den man in strîte sol bejagen.
nû ruoche, helt, mir beidiu sagen,
dînen namen und dînen art:
20 sôst wol bewendet her mîn vart.'
dô sprach Herzeloiden sun:
'sol ich daz durch vorhte tuon,
sô endarf es niemen an mich gern,
sol ichs betwungenlîche wern.'
25 der heiden von Tasmê
sprach: 'ich wil mich nennen ê
und lâ daz laster wesen mîn.
ich bin Feirefîz Anschevîn,
sô rîche wol, daz mîner hant
30 mit zinse dienet manec lant.'
746   dô disiu rede von im geschach,
Parzivâl zem heiden sprach:
'wâ von sît ir ein Anschevîn?
Anschouwe ist von erbe mîn,
5 bürge, lant unde stete.
herre, ir sult durch mîne bete
einen andern namen kiesen.
solde ich mîn lant verliesen
und die werden stat Bêalzenân,
10 sô hetet ir mir gewalt getân.
ist unser deweder ein Anschevîn,
daz sol ich von arte sîn.
doch ist mir vür wâr gesaget,
daz ein helt unverzaget
15 wone in der heidenschaft,
der habe mit ritterlîcher kraft
minne und prîs behalden,
daz er muoz beider walden:
der ist ze bruoder mir benant.

20 si hânt in dâ vür prîs erkant.'
aber sprach dô Parzivâl:
'herre, iuwers antlitzes mâl,
hete ich diu kuntlîche ersehen,
sô würde iu schier von mir verjehen,
25 als er mir kunt ist getân.
herre, welt irz an mich lân,
sô enblœzet iuwer houbet.
ob ir mirz geloubet,
mîn hant iuch strîtes gar verbirt,
30 unz ez anderstunt gewâpent wirt.'
747   dô sprach der heidensche man:
'dîns strîtes ich wênec angest hân.
stüende ich gar blôz, sît ich hân swert,
dû wæres doch schumfentiure gewert,
5 sît dîn swert zebrosten ist.
al dîn werlîcher list
mac dich vor tôde niht bewarn,
ich enwelle dich anders gerne sparn.
ê dû begundes ringen,
10 mîn swert lieze ich klingen
beidiu durch îser und durch vel.'
der heiden starc unde snel
tet manlîchen site schîn:
'diz swert sol unser dewedere sîn.'
15 ez warf der küene degen balt
verre von im in den walt.
er sprach: 'sol nû hie strît ergên,
dâ muoz gelîchiu schanze stên.'
dô sprach der rîche Feirefîz:
20 'helt, durch dîner zühte vlîz,
sît dû bruoder meges hân,
sô sage mir, wie ist er getân?
tuo mir sîn antlitze erkant,
wie dir sîn varwe sî genant.'
25 dô sprach Herzeloiden kint:
'als ein geschriben permint
swarz und blanc her und dâ,
sus nande mir in Ekubâ.'

der heiden sprach: 'der bin ich.'
30 si beide wênec dô sûmten sich,
748 ieweder sîn houbet schiere
von helme und von herseniere
enblôzte an der selben stunt.
Parzivâl vant hôhen vunt
5 und den liebesten, den er ie vant.
der heiden schiere wart erkant,
wande er truoc agelstern mâl.
Feirefîz und Parzivâl
mit kusse understuonden haz:
10 in zam ouch beiden vriuntschaft baz
dan gein ein ander herzen nît.
triuwe und liebe schiet ir strît.
    der heiden dô mit vreuden sprach:
'ô wol mich, daz ich ie gesach
15 des werden Gahmuretes kint!
al mîne gote des gêret sint.
mîn gotinne Jûnô
dises prîses mac wol wesen vrô.
mîn kreftec got Jûpiter
20 dirre sælden was mîn wer.
gote und gotinne,
iuwer kraft ich immer minne.
gêrt sî des plânêten schîn,
dar inne diu reise mîn
25 nâch âventiure wart getân
gein dir, vorhtlîch süezer man,
daz mich von dîner hant gerou.
gêrt sî luft unde tou,
daz hiute morgen ûf mich reis.
30 minnen slüzzel kurteis,
749 ô wol diu wîp, diu dich suln sehen!
waz den doch sælden ist geschehen!'
'ir sprechet wol. ich spræche baz,
ob ich daz kunde, âne allen haz:
5 nû bin ich leider niht sô wîs,
des iuwer werdeclîcher prîs
mit worten mege gehœhet sîn.

got weiz aber wol den willen mîn:
swaz herze und ougen künste hânt
10 an mir, diu beidiu niht erlânt,
iuwer prîs saget vor, si volgent nâch.
daz nie von ritters hant geschach
mir grœzer nôt, vür wâr ichz weiz,
denne von iu᾽ sprach der von Kanvoleiz.
15   dô sprach der rîche Feirefîz:
‘Jûpiter hât sînen vlîz,
werder helt, geleget an dich.
dû solt niht mêre irzen mich:
wir heten beide doch einen vater.᾽
20 mit bruoderlîchen triuwen bater,
daz er irzens in erlieze
und in duzenlîche hieze.
diu rede was Parzivâle leit.
der sprach: ‘bruoder, iuwer rîcheit
25 gelîcht wol dem bârucke sich,
sô sît ir elder ouch denne ich:
mîn jugent und mîn armuot
sol solher lôsheit sîn behuot,
daz ich iu duzen biete,
30 swenne ich mich zühte niete.᾽
750   der von Tribalibot
Jûpiter sînen got
mit worten êrte manegen wîs.
er gap ouch vil hôhen prîs
5 sîner gotinne Jûnô,
daz si daz weter vuocte sô,
dâ mit er und al sîn her
gein dem lande ûf dem mer
lantveste nâmen,
10 dâ si zein ander quâmen.
anderstunt si nider sâzen,
die beide des niht vergâzen,
si enbüten ein ander êre.
der heiden sprach dô mêre:
15 ‘ich wil lâzen dir zwei rîchiu lant
dienstlîchen immer dîner hant,

diu mîn vater und der dîne erwarp,
dô der künec Îsenhart erstarp,
Zazamanc und Azagouc.
20 sîn manheit dâ niemen trouc,
wan daz er liez verweiset mich.
gein mînem vater der gerich
ist mînhalp noch unverkorn.
sîn wîp, von der ich wart geborn,
25 durch minne ein sterben nâch im kôs,
dô si minne an im verlôs.
ich sæhe doch gerne den selben man:
mir ist ze wizzene getân,
daz nie bezzer ritter enwart.
30 nâch im ist kostenlîch mîn vart.'
751   Parzivâl hin zim dô sprach:
'ich bin ouch, der in nie gesach.
man saget mir guotiu werc von im
(an maneger stat ich diu vernim),
5 daz er wol kunde in strîten
sînen prîs gewîten
und werdekeit gemachen hôch.
elliu missewende in vlôch.
er was wîben undertân:
10 ob die triuwe kunden hân,
si lôndens âne valschen list.
dâ von der touf noch gêret ist,
phlac er, triuwe âne wenken.
er kunde ouch wol verkrenken
15 alle valschlîche tât:
herzen stæte im gap den rât.
daz ruochten si mich wizzen lân,
den kündec was der selbe man,
den ir sô gerne sæhet.
20 ich wæne, ir prîses jæhet
im, ob er noch lebete,
wande er nâch prîse strebete.
sîn dienest twanc der wîbe lôn,
daz der künec Ipomidôn
25 gein im tjostierens phlac.

    diu tjost ergienc vor Baldac:
    dâ wart sîn werdeclîchez leben
    durch minne an den rê gegeben.
    wir hân in ze rehter tjost verlorn,
30 von dem wir beide sîn erborn.'
752   'ouwê der unergezten nôt!'
    sprach der heiden. 'ist mîn vater tôt?
    ich mac wol vreuden vlüste jehen
    und vreuden vunt mit wârheit spehen.
5 ich hân an disen stunden
    vreude verlorn und vreude vunden,
    wil ich der wârheit grîfen zuo.
    beidiu mîn vater und ouch dû
    und ich, wir wâren gar al ein,
10 doch ez an drîen stücken schein.
    swâ man siht den wîsen man,
    der enzelt deheine sippe dan,
    zwischen vater und des kinden,
    wil er die wârheit vinden.
15 mit dir selben hâstû hie gestriten,
    gein mir selben ich kom ûf strît geriten,
    mich selben hete ich gerne erslagen.
    dô enkundestû des niht verzagen,
    dû enwertes mir mîn selbes lîp.
20 Jûpiter, diz wunder schrîp:
    dîn kraft tet uns helfe kunt,
    daz si unser sterben understuont.'
    er lachte und weinde tougen.
    sîniu heidenschiu ougen
25 begunden wazzer rêren
    al nâch des toufes êren.
    der touf sol lêren triuwe,
    sît unser ê diu niuwe
    nâch Kriste wart genennet:
30 an Kriste ist triuwe erkennet.
753   der heiden sprach, ich sage iu wie:
    'wir suln niht langer sitzen hie.
    rît mit mir niht ze verre.
    loschieren ûf dirre terre

5 durch dîn schouwen von dem mer
heize ichz rîcheste her,
den Jûnô ie gap segels luft.
mit wârheit âne triegens guft
zeige ich dir manegen werden man,
10 der mir ist dienstes undertân.
dâ soltû rîten hin mit mir.'
Parzivâl sprach zim: 'sît ir
sô gewaldec iuwer liute,
daz si iuwer bîten hiute
15 und al die wîle ir von in sît?'
der heiden sprach: 'âne strît.
wære ich von in halbez jâr,
mîn biten rîche und arme gar:
si engetorsten ninder kêren.
20 gespîset wol nâch êren
sint al ir schif in der habe:
ors noch man niht dorften drabe,
ez enwære durch fontâne
und durch den luft gein dem plâne.'
25   Parzivâl zem bruoder sîn
sprach: 'sô sult ir vrouwen schîn
sehen und grôze wünne,
von mînem werden künne
manegen ritter kurtois.
30 Artûs der Bertenois
754   liget hie bî mit werder diet,
von den ich mich hiute schiet,
mit grôzer minneclîcher schar.
wir sehen dâ vrouwen wol gevar.'
5 dô der heiden hôrte nennen wîp
(diu wâren et sîn selbes lîp),
er sprach: 'dâ vüere mich hin mit dir.
dar zuo soltû sagen mir
mære, der ich dich vrâge.
10 sehe wir unser mâge,
sô wir zArtûse komen?
von des vuore ich hân vernomen,
daz er sî prîses rîche

und er var ouch werdeclîche.'
15 dô sprach aber Parzivâl:
'wir sehen dâ vrouwen lieht gemâl.
sich feilieret niht unser vart:
wir vinden unsern rehten art,
liute, von den wir sîn erborn,
20 etslîches houbet zer krône erkorn.'
ir deweder dô niht langer saz.
Parzivâl des niht vergaz,
er enholte sînes bruoder swert:
daz stiez er dem degen wert
25 wider in die scheiden.
dâ wart von in beiden
zornlîcher haz vermiten
und geselleclîche dan geriten.
    ê si zArtûse wâren komen,
30 dâ was ouch mære von in vernomen.
755 dô was bî dem selben tage
über al daz her gemeiniu klage,
daz Parzivâl der werde man
von in was gescheiden dan.
5 Artûs mit râte sich bewac,
daz er unz an den ahten tac
Parzivâles dâ wolde bîten
und von der stat niht rîten.
Gramoflanzes her was ouch komen:
10 dem was manec wîter rinc genomen,
mit zelten wol gezieret.
dâ was geloschieret
den stolzen werden liuten.
man möhtez den vier briuten
15 niht baz erbieten mit vreude siten.
von Schastel Marveile geriten
kom ein man zer selben zît,
der sagete alsus: ez wære ein strît
ûf dem warthûs in der sûl gesehen,
20 'swaz ie mit swerten wære geschehen,
daz ist gein disem strîte ein niht.'
vor Gâwân er des mæres giht,

dâ er bî Artûsè saz.
manec ritter dâ mit rede maz,
25 von wem der strît dâ wære getân.
Artûs der künec sprach dô sân:
'den strît ich einhalp wol weiz:
in streit mîn neve von Kanvoleiz,
der von uns schiet hiute vruo.'
30   dô riten ouch dise zwêne zuo
756 wol nâch strîtes êre.
helme und ir schilte sêre
wâren mit swerten an gerant.
ieweder wol gelêrte hant
5 truoc, der diu strîtes mâl entwarf.
in strîte man ouch kunst bedarf.
bî Artûses ringe hin
si riten. dâ wart vil nâch in
geschouwet, dâ der heiden reit:
10 der vuorte et solhe rîcheit.
wol beherberget was daz velt.
si kêrten vür daz hôchgezelt
an Gâwânes ringe.
ob man si iht innen bringe,
15 daz man si gerne sæhe?
ich wæne, daz dâ geschæhe.
Gâwân kom snellîche nâch,
wande er vor Artûse sach,
daz si gein sînem gezelte riten.
20 der emphienc si dâ mit vreude siten.
    si hetenz harnas dennoch an:
Gâwân der hövesche man
hiez si entwâpen schiere.
ezidemôn dem tiere
25 was geteilet mite der strît.
der heiden truoc ein kursît,
dem was von slegen ouch worden wê:
daz was ein sârantasmê,
dar an stuont manec tiure stein.
30 dar unde ein wâpenroc erschein,
757 rûch gebildet, snêvar.

dar an stuont her unde dar
tiure steine gein ein ander.
die würme salamander
5 in worhten in dem viure.
si liez in âventiure
ir minne, ir lant und ir lîp,
diu dise zimierde im gap, ein wîp.
er leiste ouch gerne ir gebot
10 beidiu in vreude und in nôt,
der künegîn Sekundillen.
ez was ir herzen wille,
daz si im gap ir rîcheit:
sîn hôher prîs ir minne erstreit.
15   Gâwân bat des nemen war,
daz diu zimierde wol gevar
iender würde verrucket
oder iht dar von gezucket,
kursît, helm oder schilt.
20 es hete ein armez wîp bevilt
an dem wâpenrocke al eine:
sô tiure wâren die steine
an den stücken allen vieren.
hôch minne kan wol zieren,
25 swâ rîcheit bî dem willen ist
und ander werdeclîcher list.
der stolze rîche Feirefîz
truoc mit dienste grôzen vlîz
nâch wîbe hulde: umme daz
30 einiu ir lônes im niht vergaz.
758   daz harnas was von in getân.
dô schouten disen bunten man
alle, die wunders kunden jehen,
die mohtenz dâ mit wârheit spehen:
5 Feirefîz truoc vremdiu mâl.
Gâwân sprach ze Parzivâl:
'neve, tuo den gesellen dîn
mir kunt. er treget sô wæhen schîn,
dem ich gelîchez nie gesach.'
10 Parzivâl ze sînem wirte sprach:

'bin ich dîn mâc, daz ist ouch er:
des sî Gahmuret dîn wer.
diz ist der künec von Zazamanc.
mîn vater dort mit prîse erranc

15 Belakânen, diu disen ritter truoc.'
Gâwân den heiden dô genuoc
kuste. der rîche Feirefîz
was beidiu swarz unde wîz
über al sîn vel, wan daz der munt

20 gein halbem zil tet rœte kunt.
man brâhte in beiden samt gewant,
daz was vür tiure koste erkant:
ûz Gâwâns kamern truoc manz dar.
dô kômen vrouwen lieht gevar.

25 diu herzogîn liez Kundrîê
und Sangîven küssen ê,
si selbe und Arnîve in dô
kusten: Feirefîz was vrô,
daz er sô klâre vrouwen sach.

30 ich wæne, im liebe dran geschach.

759   Gâwân ze Parzivâle sprach:
'neve, dîn niuwez ungemach
saget mir dîn helm und ouch der schilt.
iust beiden strîtes mite gespilt,

5 dir und dem bruoder dîn:
gein wem erholtet ir disen pîn?'
'ez wart nie herter strît erkant'
sprach Parzivâl. 'mîns bruoder hant
twanc mich wer in grôzer nôt.

10 wer ist ein segen vür den tôt.
ûf disen heimlîchen gast
von slage mîn starkez swert zebrast.
dô tet er kranker vorhte schîn:
er warf verre ûz der hant daz sîn.

15 er vorhte et an mir sünde,
ê wir gerechenten ze künde.
nû hân ich sîne hulde wol,
die ich mit dienste gerne erhol.'
      Gâwân sprach: 'mir wart gesaget

20 von einem strîte unverzaget.
   ûf Schastel Marveile man siht,
   swaz inner sehs mîlen geschiht,
   in der sûl ûf mînem warthûs.
   dô sprach mîn œheim Artûs,
25 der dâ strite des selben mâls,
   daz wærestû, neve von Kingrivâls.
   dû hâs diu wâren mære brâht:
   dir was des strîtes doch vor gedâht.
   nû geloube mir, daz ich dir sage:
30 dîn wære gebiten hie aht tage
   mit grôzer rîcher hôchgezît.
   mich müet iuwer beider strît:
   dâ sult ir bî mir ruowen nâch.
   sît aber strît von iu geschach,
 5 ir erkennet ein ander deste baz.
   nû kieset vriuntschaft vür den haz.'
       Gâwân des âbents az deste ê,
   daz sîn neve von Tasmê,
   Feirefîz Anschevîn,
10 dennoch vaste und der bruoder sîn.
   matraze dicke und lanc,
   der wart ein wîter ummevanc.
   kultern maneger künne
   von palmâte niht ze dünne
15 wurden dô der matraze dach.
   tiuren phelle man drûf gesteppet sach,
   beidiu lanc unde breit.
   diu Klinschores rîcheit
   wart dâ ze schouwen vür getragen.
20 dô sluoc man ûf, sus hôrte ich sagen,
   von phelle vier ruclachen
   mit rîlîchen sachen,
   gein ein ander viersîte,
   dar unde senfte plûmîte,
25 mit kultern verdecket,
   ruclachen dar über gestecket.
   der rinc begreif sô wît ein velt,
   dâ wæren gestanden sehs gezelt

âne gedrenge der snüere.
30 unbescheidenlîche ich vüere,
761 wolde ich die âventiure vürbaz lân.
dô enbôt mîn her Gâwân
ze hove Artûse mære,
wer dâ komen wære:
5 der rîche heiden wære dâ,
den diu heidenîn Ekubâ
sô prîste bî dem Plimizôl.
Jofreit fîz Îdôl
Artûs daz mære sagete,
10 des er vreude vil bejagete.
Jofreit bat in ezzen vruo
und klârlîche grîfen zuo
mit rittern und mit vrouwen schar
und höveschlîche komen dar,
15 daz siz sô ane geviengen
und werdeclîche emphiengen
des stolzen Gahmuretes kint.
'swaz hie werder liute sint,
die bringe ich' sprach der Bertenois.
20 Jofreit sprach: 'erst sô kurtois,
ir muget in alle gerne sehen,
wan ir sult wunder an im spehen:
er vert ûz grôzer rîcheit.
sîniu wâpenlîchiu kleit
25 niemen vergelten möhte.
deheiner hant daz töhte:
Löver, Bertâne, Engellant,
von Pârîs unz an Wîzsant,
der dâ gein legete al die terre,
30 ez wære dem gelte verre.'
762 Jofreit was wider komen.
von dem hete Artûs vernomen,
wie er werben solde,
ob er emphâhen wolde
5 sînen neven, den heiden.
daz sitzen wart bescheiden
an Gâwânes ringe.

mit höveschlîchem dinge
diu massenîe der herzogin
10 und die gesellen under in
ze Gâwânes zeswen saz.
anderhalben sîn mit vreuden az
ritter, Klinschores diet.
der vrouwen sitzen man beschiet:
15 über gein Gâwân an den ort
sâzen Klinschors vrouwen dort.
der was manegiu lieht gemâl.
Feirefîz und Parzivâl
sâzen mitten zwischen den vrouwen:
20 man mohte dâ klârheit schouwen.
der turkoite Flôrant
und Sangîve diu wert erkant
und der herzoge von Gôwerzîn
und Kundrîê, daz wîp sîn,
25 über gein ein ander sâzen.
ich wæne des, niht vergâzen
Gâwân und Jofreit
ir alden gesellekeit:
si âzen mit ein ander.
30 diu herzogîn mit blicken glander
763   mit der künegîn Arnîven az:
ir enwederiu dâ niht vergaz,
ir gesellekeite
wâren si ein ander vil bereite.
5 bî Gâwâne saz sîn ane,
Orgelûse ûzerhalp her dane.
    dâ erzeicte diu rehte unzuht
von dem ringe ir snellen vluht:
man truoc bescheidenlîche dar
10 den rittern und den vrouwen gar
ir spîse. zühteclîche
Feirefîz der rîche
sprach ze Parzivâl, dem bruoder sîn:
'Jûpiter die reise mîn
15 mir ze sælden hete erdâht,
daz mich sîn helfe her hât brâht,

dâ ich mîne werden mâge sihe.
von rehter schult ich prîses gihe
mînem vater, den ich hân verlorn:
20 der was ûz rehtem prîs erborn.'
Parzivâl sprach: 'ir sult noch sehen
liute, den ir prîses müezet jehen,
bî Artûs dem houbetman,
manegen ritter manlîch getân.
25 swie schier diz ezzen nû zegêt,
unlange ez dâ nâch gestêt,
unz ir die werden sehet komen,
an den vil prîses ist vernomen.
swaz tavelrunder krefte ist bî,
30 der ensitzet hie niwan ritter drî:

764 der wirt unde Jofreit,
etswenne ich ouch den prîs erstreit,
daz man mîn dar über gerte,
des ich si dô gewerte.'
5 si nâmen diu tischlachen dan
vor al den vrouwen und vor den man:
des was zît, dô man gaz.
Gâwân der wirt niht langer saz:
die herzogîn und ouch sîn anen
10 begunde er biten unde manen,
daz si Sangîven ê
und die süezen Kundrîê
næmen unde giengen dar,
aldâ der heiden bunt gevar
15 saz, und daz si phlægen sîn.
Feirefîz Anschevîn
sach dise vrouwen gein im gên:
gein den begunde er ûf dô stên,
als tet sîn bruoder Parzivâl.
20 diu herzoginne lieht gemâl
nam Feirefîzen mit ir hant:
swaz si vrouwen und ritter stên dâ vant,
die bat si sitzen alle.
dô reit dar zuo mit schalle
25 Artûs mit den sînen.

man hôrte dâ pusînen,
tambûren, floitieren, stîven.
der werde sun Arnîven
reit dar zuo mit krache.
30 dirre vrœlîchen sache
765 der heiden jach vür werdiu dinc.
sus reit an Gâwânes rinc
Artûs mit sînem wîbe
und mit manegem klâren lîbe,
5 mit rittern und mit vrouwen.
der heiden mohte schouwen,
daz ouch dâ liute wâren,
junc mit solhen jâren,
daz si phlâgen varwe glanz.
10 dô was der künec Gramoflanz
dennoch in Artûses phlege.
dâ reit ouch ûf dem selben wege
Itonjê sîn âmîe,
diu süeze valsches vrîe.
15 dô erbeizte der tavelrunder schar
mit maneger vrouwen wol gevar.
    Ginovêr liez Itonjê
ir neven, den heiden küssen ê:
si selbe dô dar nâher gienc,
20 Feirefîzen si mit kusse emphienc.
Artûs und ouch Gramoflanz
mit getriulîcher liebe ganz
emphiengen disen heiden.
dâ wart im von in beiden
25 mit dienst erboten êre
und sîner mâge mêre
im tâten guoten willen schîn.
Feirefîz Anschevîn
was dâ ze guoten vriunden komen:
30 daz hete er schiere an in vernomen.
766 nider sâzen wîp und man
und manec maget wol getân.
wolde er sichs underwinden,
etslîch ritter mohte dâ vinden

  5 süeziu wort von süezem munde.
    ob er minne werben kunde,
    die bete liez gar âne haz
    manec klâriu vrouwe, diu dâ saz.
    guot wîp man nie gezürnen sach,
 10 ob wert man nâch ir helfe sprach:
    si hât versagen und gewern bevor.
    giht man vreude iht urbor,
    den zins muoz wâriu minne geben.
    sus sach ich ie die werden leben:
 15 dâ saz dienest und lôn.
    ez ist ein helfeclîcher dôn,
    swâ vriundîn rede wirt vernomen,
    diu vriunde mac ze staten komen.
        Artûs ze Feirefîze saz.
 20 ir deweder dô vergaz,
    si entæten beide vrâge ir reht
    mit süezer gegenrede sleht.
    Artûs sprach: ʽnû lobe ichs got,
    daz er dise êre uns erbôt,
 25 daz wir dich hie gesehen hân.
    ûz heidenschaft gevuor nie man
    ûf toufphlegenden landen,
    den mit dienestlîchen handen
    ich gerner dienstes werte,
 30 swar des dîn wille gerte.ʼ
767 Feirefîz zArtûse sprach:
    ʽal mîn ungelücke brach,
    dô diu gotinne Jûnô
    mîn segelweter vuocte sô
  5 in disiu westerrîche.
    dû gebâres vil gelîche
    einem man, des werdekeit
    ist mit mæren harte breit:
    bistû Artûs genant,
 10 sôst dîn name verre erkant.ʼ
        Artûs sprach: ʽer êrte sich,
    der mich geprîset wider dich
    und ouch gein andern liuten hât.

        sîn selbes zuht gap im den rât
15 mêre, dan ichz gedienet hân:
        er hâtz durch hövescheit getân.
        ich bin Artûs genennet
        und hete gerne erkennet,
        wie dû sîs komen in ditze lant.
20 hât dich vriundîn ûz gesant,
        diu muoz sîn vil gehiure.
        ob dû durch âventiure
        alsus verre bist gestrichen.
        ist si ir lônes ungeswichen,
25 daz hœhet wîbe dienst noch baz.
        ein ieslîch wîp emphienge haz
        von ir dienestbietære,
        ob dir ungelônet wære.'
          'ez wirt al anders vernomen'
30 sprach der heiden. 'nû hœre ouch mîn komen:
768 ich vüere sô kreftegez her,
        Troiære lantwer
        und jene, die si besâzen,
        müesten rûmen mir die strâzen.
 5 ob si beidenthalp noch lebeten
        und strîtes gein mir strebeten,
        si möhten siges niht erholn,
        si müesten schumfentiure doln
        von mir und von den mînen.
10 ich hân in manegen pînen
        bejaget mit ritterlîcher tât,
        daz mîn nû genâde hât
        diu künegîn Sekundille.
        swes diu gert, daz ist mîn wille:
15 si hât gesetzet mir mîn leben.
        si hiez mich milteclîche geben
        und guote ritter an mich nemen:
        des solde mich durch si gezemen.
        daz ist alsô ergangen:
20 mit schilte bevangen
        ist zingesinde mir benant
        manec ritter wert erkant.

dâ engein ir minne ist mîn lôn.
ich trage ein ezidemôn
25 ûf dem schilte, als si mir gebôt.
swâ ich sider kom in nôt,
zehant sô ich an si dâhte,
ir minne mir helfe brâhte.
diu was mir bezzer trôstes wer
30 denne mîn got Jûpiter.’
769   Artûs sprach: ‘von dem vater dîn,
Gahmurete, dem neven mîn,
ist ez dîn volleclîcher art,
in wîbe dienst dîn verriu vart.
5 ich wil dich dienest wizzen lân,
daz selten grœzer ist getân
ûf erde deheinem wîbe,
ir wünneclîchem lîbe:
ich meine die herzoginne,
10 diu hie sitzet, nâch ir minne
ist waldes vil verswendet.
ir minne hât gephendet
an vreuden manegen ritter guot
und in erwendet hôhen muot.’
15 er sagete ir urliuge gar
und ouch von der Klinschores schar,
die dâ sâzen an allen sîten,
und von den zwein strîten,
die Parzivâl sîn bruoder streit
20 ze Jôflanze ûf dem anger breit:
‘und swaz er anders hât ervarn,
dâ er den lîp niht kunde sparn,
er sol dirz selbe machen kunt.
er suochet einen hôhen vunt:
25 nâch dem grâle wirbet er.
von iu beiden samt ist daz mîn ger,
ir saget mir liute unde lant,
die iu mit strîte sîn bekant.’
der heiden sprach: ‘ich nenne sie,
30 die mir die ritter vüerent hie:
770   rois Papirîs von Trogodjente

und cuns Behantîns von Kalomidente,
duc Farjelastis von Africke
und rois Liddamus von Agrippe,
5 rois Trîdanz von Tinodonte
und rois Amaspartîns von Schipelpjonte,
duc Lippidîns von Agremuntîn
und rois Mîlôn von Nomadjentesîn,
von Assigarzjonte cuns Gabarîns
10 und von Rivigitas rois Translapîns,
von Hiberbortikôn cuns Filones
und von Zentrîûn rois Kilikrates,
cuns Lisavander von Ipopotitikôn
und duc Tiridê von Elixodjôn,
15 von Oraste Gentesîn rois Tôarîs
und von Satarchjonte duc Alamîs,
rois Aminkas von Sotofeititôn
und duc Kârub von Duskontemedôn,
von Arâbîe rois Zôrôastêr
20 und cuns Posizônjus von Tilirastêr,
duc Sennes von Narjoklîn
und cuns Edissôn von Lanzesardîn,
von Jamfûse cuns Fristines
und von Atrofagente duc Meiones,
25 von Nourîente duc Archeinor
und von Pamfatîs cuns Astor,
die von Azagouc und von Zazamanc
und von Gamfassâsche rois Jetakranc,
cuns Jûrâns von Blemunzîn
30 und duc Afinamus von Amantasîn.
771 ich hete ein dinc vür schande.
man jach in mînem lande,
nehein ritter bezzer möhte sîn
denne Gahmuret Anschevîn,
5 der ie ors überschrite:
ez was mîn wille und ouch mîn site,
daz ich vüere, unz ich in vünde.
sît gewan ich strîtes künde.
von mînen zwein landen her
10 vuorte ich kreftec ûf daz mer:

gein ritterschefte hete ich muot.
swelh lant was werlîch und guot,
daz twanc ich mîner hende
unz verre inz ellende.
15 dâ werten mich ir minne
zwuo rîche küneginne,
Olimpjâ und Klauditte.
Sekundille ist nû diu dritte.
ich hân durch wîp vil getân.
20 hiute alrêst ich künde hân,
daz mîn vater Gahmuret ist tôt.
mîn bruoder sage ouch sîne nôt.'
    dô sprach der werde Parzivâl:
'sît ich schiet von dem grâl,
25 sô hât mîn hant mit strîte
in der enge und an der wîte
vil ritterschefte erzeiget,
etslîches prîs geneiget,
der des was ungewent ie.
30 die wil ich iu nennen hie:
772   von Lirivoin rois Schirnfel
und von Avendroin sînen bruoder Mîrabel,
rois Serabil von Rozokarz
und rois Piblesûn von Lorneparz,
5 von Sirnegunz rois Senilgorz
und von Villegarunz Strangedorz,
von Mirnetalle cuns Rogedâl
und von Pleiedunze Laudunâl,
rois Oniprîz von Itolac
10 und rois Zîrolân von Semblidac,
von Jeroplîs duc Jerneganz
und von Zambrôn cuns Plineschanz,
von Tuteleûnz cuns Longefiez
und von Privegarz duc Marangliez,
15 von Piktakôn duc Strennolas
und von Lampregûn cuns Parfoias,
von Askalûn rois Vergulaht
und von Pranzilê cuns Bogudaht,
Postefar von Laudundrehte

20 und duc Leidebrôn von Redunzehte,
   von Leterbe Kollevâl
   und Jovedast von Arle, ein Provenzâl,
   von Triparûn cuns Karfodjas.
   diz ergienc, dâ turnieren was,
25 die wîle ich nâch dem grâle reit.
   solde ich gar nennen, dâ ich streit,
   daz wæren unkundiu zil:
   durch nôt ichs muoz verswîgen vil.
   swaz ir mir kunt ist getân,
30 die wæne ich hie genennet hân.’
773   der heiden was von herzen vrô,
   daz sîns bruoder prîs alsô
   stuont, daz sîn hant erstreit
   sô manege hôhe werdekeit:
 5 des dancte er im sêre.
   er hetes selbe ouch êre.
   innen des hiez tragen Gâwân,
   als ez unwizzende wære getân,
   des heidens zimierde in den rinc.
10 si pruovtenz dâ vür hôhiu dinc:
   ritter unde vrouwen
   begunden alle schouwen
   den wâpenroc, den schilt, z kursît.
   der helm was zenge noch ze wît.
15 si prîsten al gemeine
   die tiuren edeln steine,
   die dran verwieret lâgen.
   niemen darf mich vrâgen
   von ir arte, wie si wæren,
20 die lîhten und die swæren.
   iuch hete baz bescheiden des
   Erâklîus oder Erkules
   und der Krieche Alexander
   und dennoch ein ander,
25 der wîse Piktâgoras,
   der ein astronomierre was
   und sô wîse âne strît,
   niemen sît Adâmes zît

möhte im gelîchen sin getragen.
30 der kunde wol von steinen sagen.
774   die vrouwen rûnten dâ, swelh wîp
dâ mite zierte sînen lîp,
hete er gein in gewenket,
sô wære sîn prîs verkrenket.
5 etslîchiu was im doch sô holt,
si hete sîn dienest wol gedolt,
ich wæne durch sîniu vremdiu mâl.
Gramoflanz, Artûs und Parzivâl
und der wirt Gâwân,
10 die viere giengen sunder dan.
den vrouwen wart bescheiden
in ir phlege der rîche heiden.
Artûs warp ein hôchgezît,
daz diu des morgens âne strît
15 ûf dem velde ergienge,
daz man dâ mite emphienge
sînen neven Feirefîz.
'an den gewerp kêrt iuwern vlîz
und iuwer besten witze,
20 daz er mit uns besitze
ob der tavelrunder.'
si lobeten al besunder,
si wurbenz, wærez im niht leit.
dô lobete in gesellekeit
25 Feirefîz der rîche.
daz volc vuor al gelîche,
dô man geschancte, an ir gemach.
    maneges vreude aldâ geschach
smorgens, ob ich sô sprechen mac.
30 dô erschein der süeze mære tac,
775 Utepandragûnes sun
Artûsen sach man alsus tuon:
er pruovte kostenlîche
ein tavelrunder rîche
5 ûz einem drîantasmê.
ir habet wol gehœret ê,
wie ûf dem Plimizôles plân

einer tavelrunder wart getân:
nâch der disiu wart gesniten,
10 sinewel mit solhen siten,
si erzeicte rîlîchiu dinc.
sinewel man dar um nam den rinc
ûf einem touwec grüenen gras,
daz wol ein poinder landes was
15 von dem sedel an tavelrunder:
diu stuont dâ mitten sunder
niht durch den nuz, et durch den namen.
sich mohte ein bœse man wol schamen,
ob er dâ bî den werden saz:
20 die spîse sîn munt mit sünden az.
der rinc wart bî der schœnen naht
gemezzen unde vor bedâht
wol nâch rîlîchen ziln.
es möhte einen armen künec beviln,
25 als man den rinc gezieret vant,
dô der mitte morgen wart erkant.
Gramoflanz und Gâwân,
von in diu koste wart getân.
Artûs was des landes gast:
30 sîner koste iedoch dâ niht gebrast.

776   ez ist selten worden naht,
wande ez der sunnen ist geslaht,
si enbræhte ie den tac dar nâch.
al daz selbe ouch dâ geschach:
5 er schein in süeze lûter klâr.
dâ streich manec ritter wol sîn hâr,
dar ûf bluomîniu schapel.
manec ungevelschet vrouwen vel
man dâ bî rôten munden sach.
10 ob Kîôt die wârheit sprach,
ritter und vrouwen truogen gewant,
niht gesniten in einem lant,
wîbe gebende, nider, hôch,
als ez nâch ir lantwîse zôch.
15 dâ was ein wît gesamentiu diet.
durch daz ir site sich underschiet:

swelh vrouwe was sunder âmîs,
diu getorste niht deheinen wîs
über tavelrunder komen.
20 hete si dienest ûf ir lôn genomen
und gap si lônes sicherheit,
an tavelrunder rinc si reit:
die andern muostenz lâzen,
in ir herbergen si sâzen.
25 dô Artûs messe hete vernomen,
man sach Gramoflanzen komen
und den herzogen von Gôwerzîn
und Flôranden, den gesellen sîn.
die drî gerten sunder
30 phlihte über tavelrunder:

777 Artûs werte si des sân.
vrâge iuch wîp oder man,
wer trüege die rîchesten hant,
der ie von deheinem lant
5 über tavelrunder gesaz,
ir enmuget sis niht bescheiden baz,
ez was Feirefîz Anschevîn.
dâ mite lât die rede sîn.
si zogeten gein dem ringe
10 mit werdeclîchem dinge.
etslîch vrouwe wart gehurt,
wære ir pherde niht wol gegurt,
si wære gevallen schiere.
manege rîche baniere
15 sach man zallen sîten komen.
dâ wart der buhurt wît genomen
alum der tavelrunder rinc.
ez wâren höveschlîchiu dinc,
daz ir deheiner in den rinc gereit:
20 daz velt was ûzerhalp sô breit,
si mohten diu ors ersprengen
und sich mit hurte mengen
und ouch mit künste rîten sô,
des diu wîp ze sehene wâren vrô.
25 si kômen ouch, dâ si sâzen.

aldâ die werden âzen,
kamerære, truhsæzen, schenken
muosten daz bedenken,
wie manz mit zuht dar vür getruoc.
30 ich wæne, man gap in dâ genuoc.
778 etslîch vrouwe hete prîs,
diu dâ saz bî ir âmîs.
maneger durch gerndes herzen rât
gedienet was mit hôher tât.
5 Feirefîz und Parzival
mit prüeven heten süeze wal
jene vrouwen und dise.
man gesach ûf acker noch ûf wise
liehter vel noch rœter munt
10 sô manegen nie ze keiner stunt,
alsô man an dem ringe vant.
des wart dem heiden vreude erkant.
    wol dem künfteclîchen tage!
gêrt sî ir süezen mære sage,
15 als von ir munde wart vernomen!
man sach eine juncvrouwen komen,
ir kleider wâren tiure und wol gesniten,
kostebære nâch Franzoiser siten,
ir kappe ein rîcher samît
20 noch swerzer denne ein gênît:
arâbesch golt gap drûfe schîn,
wol geworht manec turteltûbelîn
nâch dem insigel des grâles.
si wart des selben mâles
25 beschouwet vil durch wunders ger.
nû lât si heistieren her.
ir gebende was hôch unde blanc,
mit manegem dicken ummevanc
was ir antlitze verdecket
30 und niht ze sehene enblecket.
779 senfteclîche und doch in vollem zelt
kom si rîtende über velt.
ir zoum, ir satel, ir runzît
was rîche und tiure âne allen strît.

    5 man liez si an den zîten
      in den rinc rîten.
      diu wîse, niht diu tumme
      reit den rinc alumme.
      man zeicte ir, wâ Artûs saz,
   10 gein dem si grüezens niht vergaz:
      en franzois was ir sprâche.
      si warp, daz ein râche
      ûf si verkorn wære
      und daz man hôrte ir mære.
   15 den künec und die künegîn
      bat si helfe und an ir rede sîn.
         si kêrte von in al zehant,
      dâ si Parzivâlen sitzen vant
      bî Artûse nâhen.
   20 si begunde ir sprunges gâhen
      von dem pherde ûf daz gras:
      si viel mit zuht, diu an ir was,
      Parzivâle an sînen vuoz.
      si warp al weinde um sînen gruoz,
   25 sô daz er zorn gein ir verlür
      und âne kus ûf si verkür.
      Artûs und Feirefîz
      an den gewerp legeten vlîz.
      Parzivâl truoc ûf si haz:
   30 durch vriunde bete er des vergaz
780   mit triuwen âne vâre.
      diu werde, niht diu klâre
      snellîche wider ûf dô spranc:
      si neic in unde sagete in danc,
    5 die ir nâch grôzer schulde
      geholfen heten hulde.
      si want mit ir hende
      wider abe ir houbetgebende:
      ez wære betzel oder snürrinc,
   10 daz warf si von ir an den rinc.
      Kundrîe la surziere
      wart dô bekennet schiere
      und des grâles wâpen, daz si truoc.

daz wart beschouwet dô genuoc.
15 si vuorte ouch noch den selben lîp,
den sô manec man und wîp
sach zuo dem Plimizôle komen.
ir antlitze ir habet vernomen:
ir ougen stuonden dennoch sus,
20 gel als ein topâzjus,
ir zene lanc, ir munt gap schîn
als ein vîol weitîn.
wan daz si truoc gein prîse muot,
si vuorte âne nôt den tiuren huot
25 ûf dem Plimizôles plân.
diu sunne hete ir niht getân:
diu enmohte ir vel durch daz hâr
niht verselwen mit ir blickes vâr.
si stuont mit zuht unde sprach,
30 des man vür hôhiu mære jach.
781 an der selben stunde
ir rede si sus begunde:
'ô wol dich, Gahmuretes sun!
got wil genâde an dir nû tuon:
5 ich meine, den Herzeloide bar.
Feirefîz der vêch gevar
muoz mir willekomen sîn
durch Sekundillen die vrouwen mîn
und durch manege hôhe werdekeit,
10 die von kindes jugent sîn prîs erstreit.'
ze Parzivâle sprach si dô:
'nû wis kiusche und dâ bî vrô.
wol dich des hôhen teiles!
dû krône menschen heiles,
15 daz epitafium ist gelesen:
dû solt des grâles herre wesen,
Kondwîrâmûrs, daz wîp dîn,
und dîn sun Loherangrîn
sint beidiu mit dir dar benant.
20 dô dû rûmdes Brôbarz daz lant,
zwêne süne si lebendec dô truoc.
Kardeiz hât ouch dort genuoc.

wære dir niht mêr sælden kunt,
wan daz dîn wârhafter munt
25 den werden und den süezen
mit rede nû sol grüezen
(den künec Amfortas nû nert
dîns mundes vrâge, diu im wert
siufzebæren jâmer grôz),
30 wâ wart an sælden ie dîn genôz?'
782 siben sterne si dô nande
heidensch. die namen bekande
der rîche werde Feirefîz,
der vor ir saz swarz und wîz.
5 si sprach: 'nû prüeve, Parzival.
der hœste plânête Zval
und der snelle Almustrî,
Almaret und der liehte Samsî
erzeigent sælekeit an dir.
10 der vünfte heizt Aligafir,
under dem der sehste Alkitêr
und uns der næste Alkamêr.
ich ensprichez niht ûz einem troum:
die sint des firmamentes zoum,
15 die enthalden sîne snelheit,
ir kriec gein sînem loufte ie streit.
sorge ist dînhalp nû weise.
swaz der plânêten reise
umlouft und ir schîn bedecket,
20 des sint dir zil gestecket
ze reichen und zerwerben.
dîn riuwe muoz verderben.
wan ungenuht al eine
dâ engît dir niht gemeine:
25 der grâl und des grâles kraft
verbietent valschlîch geselleschaft.
dû hetes junge sorge erzogen:
die hât komendiu vreude an dir betrogen.
dû hâs der sêle ruowe erstriten
30 und des lîbes vreude in sorge erbiten.'
783 Parzivâlen ir mæres niht verdrôz.
durch liebe ûz sînen ougen vlôz

wazzer, sherzen ursprinc.
dô sprach er: 'vrouwe, solhiu dinc,
5 als ir hie habet genennet,
bin ich vor gote erkennet,
sô daz mîn sündehafter lîp
und hân ich kint, dar zuo mîn wîp,
daz diu des phlihte suln hân,
10 sô hât got wol ze mir getân.
swar an ir mich ergetzen meget,
dâ mite ir iuwer triuwe reget.
iedoch hete ich niht missetân,
ir hetet mich zornes etswenne erlân.
15 dô enwas ez et dennoch niht mîn heil.
nû gebet ir mir sô hôhen teil,
dâ von mîn trûren ende hât.
die wârheit saget mir iuwer wât:
dô ich ze Munsalvæsche was
20 bî dem trûregen Amfortas,
swaz ich dâ schilte hangen vant,
die wâren gemâl als iuwer gewant.
vil turteltûben traget ir hie.
vrouwe, nû saget, wenne oder wie
25 ich sül gein mînen vreuden varn,
und lât mich daz niht lange sparn.'
dô sprach si: 'lieber herre mîn,
ein man sol dîn geselle sîn.
den wel: geleites warte an mich.
30 durch helfe niht lange sûme dich.'
784   über al den rinc wart vernomen
'Kundrîe la surziere ist komen'
und waz ir mære meinde.
Orgelûse durch liebe weinde,
5 daz diu vrâge von Parzivâle
die Amfortases quâle
solde machen wendec.
Artûs der prîses genendec
ze Kundrîen mit zühten sprach:
10 'vrouwe, rîtet an iuwer gemach.
lât iuwer phlegen, lêrt selbe wie.'
si sprach: 'ist Arnîve hie,

swelh gemach mir diu gît,
des wil ich leben dise zît,
15 unz daz mîn herre hinnen vert.
ist ir gevancnisse erwert,
sô erloupt, daz ich müeze schouwen
si und ander vrouwen,
den Klinschor teilte sînen vâr
20 mit gevancnisse nû manec jâr.'
zwêne ritter huoben si ûf ir phert:
zArnîven reit diu maget wert.
    nû was ez ouch zît, daz man dâ gaz.
Parzivâl bî sînem bruoder saz:
25 den bat er gesellekeit.
Feirefîz was im al bereit
gein Munsalvæsche ze rîten.
an den selben zîten
si stuonden ûf über al den rinc.
30 Feirefîz warp hôhiu dinc:
785 er vrâcte den künec Gramoflanz,
ob diu liebe wære ganz
zwischen im und der nifteln sîn,
daz er daz tæte an im nû schîn.
5 'helft ir und mîn neve Gâwân,
swaz wir hie künege und vürsten hân,
barûne und arme ritter gar,
daz der deheiner hinnen var,
ê si mîn kleinœte ersehen.
10 mir wære ein laster hie geschehen,
schiede ich vor gâbe hinnen vrî.
swaz hie varndes volkes sî,
die warten alle gâbe an mich.
Artûs, nû wil ich biten dich,
15 daz ez den hôhen niht versmâhe,
des gewerbes gein in gâhe
und wis des lasters vür si phant
(si erkanden nie sô rîche hant)
und gip mir boten in mîne habe,
20 dâ der· prîsent sol komen abe.'
si lobeten dem heiden,
si enwolden sich niht scheiden

von dem velde in vier tagen.
der heiden wart vrô, sus hôrte ich sagen.
25 Artûs im wîse boten gap,
die er solde senden an daz hap.
Feirefîz Gahmuretes kint
nam tincten und permint:
sîn schrift wârzeichens niht verdarp.
30 ich wæne, ie brief sô vil erwarp.
786   die boten vuoren endehafte dan.
     Parzivâl sîn rede alsus huop an:
en franzois er zin allen sprach,
als Trevrezent dort vorne jach,
5 daz den grâl ze keinen zîten
niemen möhte erstrîten,
wan der von gote ist dar benant.
diz mære kom über elliu lant,
dehein strît möhte in erwerben:
10 vil liute liez dô verderben
nâch dem grâle gewerbes list,
dâ von er noch verborgen ist.
Parzivâl und Feirefîz
diu wîp lêrten jâmers vlîz:
15 si hetenz ungerne vermiten,
in diu vier stücke shers si riten,
si nâmen urloup zal der diet.
ieweder dan mit vreuden schiet,
gewâpent wol gein strîtes wer.
20 am dritten tage ûz sheidens her
wart ze Jôflanze brâht,
sô grôzer gâbe wart nie gedâht.
swelh künec dâ sîner gâbe emphant,
daz half immer mêr des lant.
25 ieslîchem man nâch mâze sîn
wart nie sô tiuriu gâbe schîn,
al den vrouwen rîchiu prîsente
von Trîande und von Nourîente.
ich enweiz, wiez her sich schiede hie:
30 Kundrîe und dise zwêne, hin riten sie.

XVI.

787   Amfortas und die sîne
noch vor jâmer dolten pîne:
ir triuwe liez in in der nôt.
dicke er warp um si den tôt:
5 der wære ouch schiere an im geschehen,
wan daz si in dicke liezen sehen
den grâl und des grâles kraft.
er sprach ze sîner ritterschaft:
'ich weiz wol, phlæget ir triuwe,
10 sô erbarmete iuch mîn riuwe.
wie lange sol diz an mir wern?
welt ir iu selben rehtes gern,
sô müezet ir gelten mich vor gote.
ich stuont ie gerne ziuwerm gebote,
15 sît ich von êrste wâpen truoc.
ich hân engolten des genuoc,
ob mir ie unprîs geschach
und ob daz iuwer keiner sach.
sît ir vor untriuwen bewart,
20 sô lœst mich durch des helmes art
und durch des schiltes orden.
ir sît dicke innen worden,
ob ez iu niht versmâhte,
daz ich diu beidiu brâhte
25 unverzaget ûf ritterlîchiu werc.
ich hân tal unde berc
mit maneger tjost überzilt
und mit dem swerte alsô gespilt,

daz es die vînde an mir verdrôz,
30 swie wênec ich des gein iu genôz,
788 ich vreuden ellende!
zem urteillîchen ende
beklage ich eine iuch alle:
sô næht ez iuwerm valle,
5 ir enlât mich von iu scheiden.
mîn kummer solde iu leiden.
ir habet gesehen und ouch vernomen,
wie mir diz ungelücke ist komen.
waz touc ich iu ze herren nuo?
10 ez ist iu leider alze vruo,
wirt iuwer sêle an mir verlorn.
waz sites habet ir iu erkorn?'
si heten kummers in erlôst,
wan der træstenlîche trôst,
15 den Trevrezent dort vorne sprach.
als er am grâle geschriben sach,
si warten anderstunt des man,
dem al sîn vreude aldâ entran,
und der helfeclîchen stunde,
20 der vrâge von sînem munde.
der künec sich dicke des bewac,
daz er blinzender ougen phlac
etswenne gein vier tagen.
sô wart er zuo dem grâle getragen,
25 ez wære im liep oder leit:
sô twanc in des diu siecheit,
daz er diu ougen ûf swanc.
sô muoste er âne sînen danc
leben und niht ersterben.
30 sus kunden si mit im werben
789 unz an den tac, daz Parzivâl
und Feirefîz der vêch gemâl
mit vreuden ûf Munsalvæsche riten.
nû hete diu wîle des erbiten,
5 daz Mars oder Jûpiter
wâren komen wider her
al zornec mit ir loufte

(sô was er der verkoufte),
dar si sich von sprunge huoben ê.
10 daz tet an sîner wunden wê
Amfortase, der sô qual,
megede und ritter hôrten schal
von sînem geschreie dicke
und die jâmerlîchen blicke
15 tet er in mit den ougen kunt.
er was unhelfeclîche wunt:
si mohten im gehelfen niht.
iedoch diu âventiure giht,
im kœme diu wâre helfe nuo.
20 si griffen herzen jâmers zuo.
swenne im diu scharphe sûre nôt
daz strenge ungemach gebôt,
sô wart der luft gesüezet,
der wunden smac gebüezet.
25 vor im ûf dem teppech lac
pigment und zerbenzînen smac,
müzzel und arômatâ.
durch süezen luft lac ouch dâ
drîakel und amber tiure,
30 der smac was gehiure.
790   swâ man ûf den teppech trat,
kardemôme, jerofel, muskât
lac gebrochen under ir vüezen
durch den luft süezen:
5 sô daz mit triten wart gebert,
sô was dâ sûrer smac erwert.
sîn viur was lignâlôê:
daz hân ich iu gesaget ouch ê.
    an dem spanbette die stollen sîn
10 wâren viperhornîn.
durch ruowen vürz gelüppe
von würzen manec gestüppe
was ûf den kultern gesæt.
gesteppet und niht genæt
15 was, dâ er ûfe lente.
phelle von Nourîente

und palmât was sîn matraz.
sîn spanbette was noch baz
gehêrt mit edeln steinen
20 und anders enkeinen.
daz spanbette zôch zein ander
strangen von salamander:
daz wâren under im diu ricseil.
er hete an vreuden kranken teil.
25 ez was rîche an allen sîten:
niemen darf des strîten,
daz er bezzerz ie gesæhe.
ez was tiure und wæhe
von der edeln steine geslehte.
30   die hœrt hie nennen rehte:
791 karfunkel und silênîtes,
balax und gagâtromes,
ônix und kalzidôn,
kôralis und bestjôn,
5 ûnjô und optallîes,
zerauns und epistîtes,
jerachîtes und eljotrôpjâ,
pantêrs und antrodragmâ,
prâsem und saddâ,
10 ematîtes und djonîsjâ,
achâtes und zelidôn,
sardônis und kalkofôn,
kornjôl und jaspis,
echîtes und îris,
15 gagâtes und ligûrjus,
abestô und zegôlitus,
galaktîdâ und jazinktus,
orîtes und enîdrus,
absist und alabandâ,
20 krisolekter und hîennîâ,
smârât und magnes,
safîr und pirîtes.
ouch stuont her unde dâ
turkoise und liparêâ,
25 krisolde, rubîne,

paleise und sardîne,
adamas und krisoprassis,
melochîtes und dîadochis,
pêanîtes und mêdus,
30 berillus und topâzjus.
792 etslîcher lêrte hôhen muot:
ze sælde und zerzenîe guot
was dâ maneges steines sunderart.
vil kraft man an in innen wart,
5 derz versuochen kunde mit listen.
dâ mite si muosten vristen
Amfortasen. der ir herze truoc,
sînem volke er jâmers gap genuoc:
doch wirt nû vreude an im vernomen.
10   in Terre de Salvæsche ist komen,
von Jôflanze gestrichen,
dem sîn sorge was entwichen,
Parzivâl, sîn bruoder und ein maget.
mir ist niht vür wâr gesaget,
15 wie verre dâ zwischen wære.
si ervüeren nû strîtes mære:
wan Kundrîe ir geleite
schiet si von arbeite.
si riten gein einer warte.
20 dâ gâhte gein in harte
manec wol geriten templeis
gewâpent. die wâren sô kurteis,
an dem geleite si wol sâhen,
daz in vreude solde nâhen.
25 der selben rotte meister sprach,
dô er vil turteltûben sach
glesten ab Kundrîen wât:
'unser sorge ein ende hât:
mit sgrâles insigel hie
30 kumt uns, des wir dâ gerten ie,
793 sît uns der jâmerstric beslôz.
habet stille: uns næhet vreude grôz.'
Feirefîz Anschevîn
mante Parzivâlen den bruoder sîn

  5 an der selben zîte,
er gâhte gein dem strîte.
Kundrîe in mit dem zoume vienc,
sîner tjost dâ niht ergienc.
dô sprach diu maget rûch gemâl
10 balde zir herren Parzivâl:
'schilte und baniere
möhtet ir erkennen schiere:
dort habet niht wan sgrâles schar.
die sint vil dienesthaft iu gar.'
15 dô sprach der werde heiden:
'sô sî der strît gescheiden.'
Parzivâl Kundrîen bat
gein in rîten ûf dem phat.
diu reit und sagete in mære,
20 waz in vreuden komen wære.
swaz dâ templeise was,
die erbeizten nider ûf daz gras
an den selben stunden.
manec helm wart abe gebunden,
25 Parzivâlen emphiengen si ze vuoz:
ein segen dûhte si sîn gruoz.
si emphiengen ouch Feirefîzen
den swarzen und den wîzen.
ûf Munsalvæsche wart geriten
30 al weinde und doch mit vreude siten.

794   si vunden volkes ungezalt,
manegen wünneclîchen ritter alt,
edeliu kint, vil sarjande,
die trûrege mahinande.
  5 dirre künfte vrô wol mohten sîn
Feirefîz Anschevîn
und Parzivâl, si bêde.
vor dem palas an der grêde
si wurden wol emphangen.
10 in den palas wart gegangen.
dâ lac nâch ir gewonheit
hundert sinewele teppech breit,
ûf ieslîchem ein phlûmît

      und ein kulter lanc von samît.
15 vuoren die zwêne mit witzen,
   si mohten etswâ dâ sitzen,
   unz manz harnas von in emphienc.
   ein kamerære dar nâher gienc:
   der brâhte in kleider rîche,
20 den beiden al gelîche.
   si sâzen, swaz dâ ritter was.
   man truoc von golde (ez was niht glas)
   vür si manegen tiuren schâl.
   Feirefîz und Parzivâl
25 trunken unde giengen dan
   zAmfortase dem trûregen man.
      ir habet ê vernomen, daz
   der lente und daz er selten saz
   und wie sîn bette gehêret was.
30 dise zwêne emphienc dô Amfortas
795   vrœlîche und doch mit jâmers siten.
   er sprach: ʻich hân unsanfte erbiten,
   wirde ich immer von iu vrô.
   ir schiedet nû jungest von mir alsô,
 5 phleget ir herzenlîcher triuwe,
   man siht iuch drum in riuwe.
   würde ie prîs von iu gesaget,
   hie sî ritter oder maget,
   werbet mir dâ zin den tôt
10 und lât sich enden mîne nôt.
   sît ir genant Parzivâl,
   sô wert mîn sehen an den grâl
   siben naht und ehte tage.
   dâ mite ist wendec al mîn klage:
15 ich engetar iuch anders warnen niht.
   wol iu, ob man iu helfe giht.
   iuwer geselle ist hie ein vremder man
   sîns stêns ich im vor mir niht gan:
   wan lât ir in varn an sîn gemach?ʼ
20   al weinde Parzivâl dô sprach:
   ʻsaget mir, wâ der grâl hie lige.
   ob diu gotes güete an mir gesige,

des wirt wol innen disiu schar.'
sîn venje viel er sendes dar
25 drîstunt zêren der trînitât:
er warp, daz müeste werden rât
des trûregen mannes herzesêr.
er rihte sich ûf und sprach dô mêr:
'œheim, waz wirret dir?'
30 der durch sande Silvestern einen stier

796 von tôde lebendec dan hiez gên
und der Lâzarum bat ûf stên,
der selbe half, daz Amfortas
wart gesunt und wol genas.
5 swaz der Franzois heizt flôrî,
der glast kom sînem velle bî.
Parzivâles schœne was nû ein wint
und Absalôn Dâvîdes kint,
von Askalûn Vergulaht
10 und al, den schœne was geslaht,
und des man Gahmurete jach,
dô man in în zogen sach
ze Kanvoleiz sô wünneclîch,
ir deheines schœne was der gelîch,
15 die Amfortas ûz siecheit truoc.
got noch künste kan genuoc.
dâ ergienc dô dehein ander wal,
wan die diu schrift an dem grâl
hete ze herren in benant:
20 Parzivâl wart schiere bekant
ze künege und ze herren dâ.
ich wæne, iemen anderswâ
vünde zwêne als rîche man,
ob ich rîcheit prüeven kan,
25 als Parzivâl und Feirefîz.
man bôt vil dienestlîchen vlîz
dem wirte und sînem gaste.
ich enweiz, wie manege raste
Kondwîrâmûrs dô was geriten
30 gein Munsalvæsche mit vreude siten.

797 si hete die wârheit ê vernomen:

solh botschaft was nâch ir komen,
daz wendec wære ir klagendiu nôt.
der herzoge Kîôt
5 und anders manec werder man
heten si gevüeret dan
ze Terre de Salvæsche in den walt.
dâ mit der tjoste wart gevalt
Segremors und dâ der snê
10 mit bluote sich ir gelîchete ê,
dâ solde Parzivâl si holn:
die reise er gerne mohte doln.
disiu mære sagete im ein templeis:
'manec ritter kurteis
15 die künegîn hânt mit zühten brâht.'
Parzivâl was sô bedâht,
er nam ein teil des grâles schar
und reit vür Trevrezenten dar.
des herze wart der mære vrô,
20 daz Amfortases dinc alsô
stuont, daz er der tjost niht starp
und im diu vrâge ruowe erwarp.
dô sprach er: 'got vil tougen hât.
wer gesaz ie an sînen rât
25 oder wer weiz ende sîner kraft?
al die engel mit ir geselleschaft
bevindentz nimmer an den ort.
got ist mensche und sîns vater wort,
got ist vater unde sun,
30 sîn geist mac grôze helfe tuon.'
798   Trevrezent ze Parzivâle sprach:
'græzer wunder selten ie geschach,
sît ir ab got erzürnet hât,
daz sîn endelôsiu trînitât
5 iuwers willen werschaft worden ist.
ich louc durch abeleitens list
von dem grâl, wiez um in stüende.
gebet mir wandel vür die sünde:
ich sol gehôrsam iu nû sîn,
10 swestersun und der herre mîn.

    daz die vertriben geiste
    mit der gotes volleiste
    bî dem grâle wæren,
    kom iu von mir ze mæren,
15 unz daz si hulde dâ gebiten.
    got ist stæte mit solhen siten,
    er strîtet immer wider sie.
    die ich iu ze hulden nande hie,
    swer sînes lônes iht wil tragen,
20 der muoz den selben widersagen:
    êweclîch sint si verlorn.
    die vlust si selbe hânt erkorn.
    mich müet et iuwer arbeit.
    ez was ie ungewonheit,
25 daz den grâl ze keinen zîten
    iemen möhte erstrîten:
    ich hete iuch gerne dâ von genomen.
    nûst ez anders um iuch komen:
    sich hât gehœhet iuwer gewin.
30 nû kêrt an diemuot iuwern sin.’
799   Parzivâl ze sînem œheim sprach:
    ‘ich wil si sehen, die ich nie gesach
    inner vünf jâren.
    dô wir bî ein ander wâren,
 5 si was mir liep: als ist si ouch noch.
    dînen rât wil ich haben doch,
    die wîle uns scheidet niht der tôt:
    dû riete mir ê in grôzer nôt.
    ich wil gein mînem wîbe komen,
10 der kunft ich gein mir hân vernomen
    bî dem Plimizôle an einer stat.’
    urloup er im geben bat.
    dô bevalh in gote der guote man.
    Parzivâl die naht streich dan:
15 sînen gesellen was der walt wol kunt.
    dôz tagete, dô vant er lieben vunt,
    manec gezelt ûf geslagen.
    ûz dem lande ze Brôbarz, hôrte ich sagen,
    was vil banier dâ gestecket,

20 manec schilt dar nâch getrecket:
sîns landes vürsten lâgen dâ.
Parzivâl der vrâcte, wâ
diu künegîn selbe læge
und ob si sunderringes phlæge
25 [man zeicte im, aldâ si lac
und wol gehêrtes ringes phlac,]
mit zelten ummevangen.
nû was von Katelangen
der herzoge Kîôt smorgens vruo
30 ûf gestanden: dise riten zuo.
800 des tages blic was dennoch grâ.
Kîôt iedoch erkande aldâ
des grâles wâpen an der schar:
si vuorten turteltûben gar.
5 dô ersiufzete sîn alder lîp,
wan Schoisîâne, sîn kiusche wîp,
ze Munsalvæsche im sælde erwarp,
diu von Sigûnen gebürte erstarp.
Kîôt gein Parzivâle gienc,
10 in und die sîne er wol emphienc.
er sande ein juncherrelîn
nâch dem marschalke der künegîn
und bat in schaffen guot gemach,
swaz er dâ ritter halden sach.
15 er vuorte in selben mit der hant,
dâ er der künegîn kamern vant,
ein kleine gezelt von buckeram.
daz harnas man gar von im dâ nam.
diu künegîn des noch niht enweiz.
20 Loherangrîn und Kardeiz
vant Parzivâl bî ir ligen
(dô muoste vreude an im gesigen)
in einem gezelt hôch und wît,
dâ her und dâ in alle sît
25 klârer vrouwen lac genuoc.
Kîôt ûfz deckelachen sluoc,
er bat die künegîn wachen
und vrœlîche lachen.

si blicte ûf und sach ir man.
30 si hete niht wanz hemde an:
801 um sich siz deckelachen swanc.
vürz bette ûf den teppech spranc
Kondwîrâmûrs diu lieht gemâl.
ouch ummevienc si Parzivâl:
5 man sagete mir, si kusten sich.
si sprach: 'mir hât gelücke dich
gesendet, herzen vreude mîn.'
si bat in willekomen sîn.
'nû solde ich zürnen: ich enmac.
10 gêrt sî diu wîle und dirre tac,
der mir brâhte disen ummevanc,
dâ von mîn trûren wirdet kranc.
ich hân nû, des mîn herze gert:
sorge ist an mir vil ungewert.'
15 nû erwachten ouch diu kindelîn.
Kardeiz und Loherangrîn
die lâgen ûf dem bette al blôz.
Parzivâlen des niht verdrôz,
er enkuste si minneclîche.
20   Kîôt der zühte rîche
bat die knaben dannen tragen.
er begunde ouch al den vrouwen sagen,
daz si ûz dem gezelte giengen.
si tâtenz, dô si emphiengen
25 ir herren von langer reise.
Kîôt der kurteise
bevalh der künegîn ir man.
al die juncvrouwen er vuorte dan.
dennoch was ez harte vruo:
30 kamerære sluogen die winden zuo.
802 gezucte im ie bluot und snê
geselleschaft an witzen ê
(ûf der selben ouwe erz ligen vant),
vür solhen kummer gap nû phant
5 Kondwîrâmûrs: diu hetez dâ.
sîn lîp emphienc nie anderswâ
minne helfe vür der minne nôt:

manec wert wîp im doch minne bôt.
ich wæne, er kurzewîle phlac
10 unz an den mitten morgens tac.
   daz her über al reit schouwen dar:
si nâmen der templeise war.
die wâren gezimieret
und wol zehurtieret,
15 ir schilte mit tjosten sêre durchriten,
dar zuo mit swerten ouch versniten.
etslîcher truoc ein kursît
von phelle oder von samît.
îserkolzen heten si dennoch an:
20 daz ander harnas was von in getân.
   dâ enmac niht mêr geslâfen sîn.
der künec und diu künegîn
stuonden ûf. ein priester messe sanc,
ûf dem ringe huop sich grôz gedranc
25 von dem ellenthaften her.
die gein Klâmidê ê wâren ze wer,
dô der bendiz wart getân,
Parzivâlen emphiengen sîne man
mit triuwen werdeclîche,
30 manec ritter ellens rîche.
803   des gezeltes winden nam man abe.
der künec sprach: ʻwederz ist der knabe,
der künec sol sîn über iuwer lant?ʼ
al den vürsten tet er dâ bekant:
 5 ʻWâleis und Norgâls,
Kanvoleiz und Kingrivâls
der selbe sol mit rehte hân.
zAnschouwe und in Bêalzenân,
kom er immer an mannes kraft,
10 dar leistet im geselleschaft.
Gahmuret mîn vater hiez,
der mirz mit rehtem erbe liez:
mit sælde ich gerbet hân den grâl.
nû emphâhet ir an disem mâl
15 iuweriu lêhen von mînem kinde,
ob ich an iu triuwe vinde.ʼ

mit guotem willen daz geschach.
vil vanen man dort vüeren sach:
dâ lihen zwuo kleine hende
20 wîter lande manec ende.
gekrœnet wart dô Kardeiz.
der betwanc ouch sider Kanvoleiz
und vil des Gahmuretes was.
bî dem Plimizôl ûf ein gras
25 wart gesidele und wîter rinc genomen,
dâ si zem brôte solden komen.
snellîche dâ enbizzen wart.
daz her kêrte an die heimvart:
diu gezelt nam man elliu nider.
30 mit dem jungen künege si vuoren wider.
804 manec juncvrouwe und ir ander diet
sich von der küneginne schiet,
sô daz si tâten klage schîn.
dô nâmen Loherangrîn
5 und sîn muoter wol getân
die templeise und riten dan
gein Munsalvæsche balde.
'zeiner zît ûf disem walde,'
sprach Parzivâl, 'dâ sach ich stên
10 eine klôsen, dâ durch balde gên
einen snellen brunnen klâr:
ob ir si wizzet, sô wîst mich dar.'
von sînen gesellen wart im gesaget,
si wessen eine: 'dâ wont ein maget
15 al klagende ûf vriundes sarke.
diust rehter güete ein arke,
unser reise gêt ir nâhe bî.
man vint si selten jâmers vrî.'
der künec sprach: 'wir suln si sehen.'
20 dâ wart im volge an in verjehen.
si riten vür sich drâte
und vunden sâbents spâte
Sigûnen an ir venje tôt.
dâ sach diu künegîn jâmers nôt.
25 si brâchen zuo zir dar în,

Parzivâl durch die nifteln sîn
bat ûf wegen den sarkes stein.
Schîânatulander schein
unervûlet schône balsemvar.
30 man legete si nâhe zuo zim dar,
805 diu magetuomlîche minne im gap,
dô si lebete, und sluoc zuo daz grap.
  Kondwîrâmûrs begunde klagen
ir vetern tohter, hôrte ich sagen,
5 und wart vil vreuden âne,
wande si Schoisîâne,
der tôten megede muoter, zôch
kint wesende, drum si vreude vlôch,
diu Parzivâles muome was.
10 ob der Provenzâl die wârheit las,
der herzoge Kiôt
wesse wênec um sîner tohter tôt,
des künec Kardeizes magezoge.
ez ist niht krump alsô der boge,
15 diz mære ist wâr unde sleht.
si tâten dô der reise ir reht,
bî naht gein Munsalvæsche si riten.
  dâ hete ir Feirefîz gebiten
mit kurzewîle die stunde.
20 vil kerzen man dô enzunde,
rehte ob brünne gar der walt.
ein templeis de Patrigalt
gewâpent bî der künegîn reit.
der hof was wît unde breit:
25 dar ûfe stuont manec sunderschar.
si emphiengen die küneginne gar
und den wirt und den sun sîn.
dô truoc man Loherangrîn
gein sînem vetern Feirefîz.
30 dô der was swarz unde wîz,
806 der knabe sîn wolde küssen niht:
werden kinden man noch vorhte giht.
des lachete der heiden.
dô begunden si sich scheiden

5 ûf dem hove und dô diu künegin
erbeizet was, in kom gewin
an ir mit vreuden künfte aldar.
 · man vuorte si, dâ werdiu schar
von maneger klâren vrouwen was.
10 Feirefîz und Amfortas
mit zühten stuonden bêde
bî der vrouwen an der grêde.
Repanse de Schoie
und von Gruonlant Garschiloie,
15 Flôrîe von Lûnel,
liehtiu ougen und klâriu vel
die truogen und magetuomlîchen prîs.
dâ stuont ouch swankel als ein rîs,
der schœne und güete niht gebrach
20 und der man im ze tohter jach,
von Rîle Jernîse:
diu maget hiez Amflîse.
von Tenabroc, ist mir gesaget,
stuont dâ Klârischanze ein süeziu maget,
25 liehter varwe gar unverkrenket,
als ein âmeize gelenket.
    Feirefîz gein der wirtîn trat.
diu künegîn den sich küssen bat,
si kuste ouch Amfortasen dô
30 und was sîner urlœsunge vrô.
807 Feirefîz si vuorte mit der hant,
dâ si des wirtes muomen vant,
Repansen de Schoie, stên.
dâ muoste küssens vil ergên.
5 dar zuo ir munt was ê sô rôt:
der leit von küssen nû die nôt,
daz ez mich müet und ist mir leit,
daz ich niht hân solh arbeit
vür si, wan si kom müediu zin.
10 juncvrouwen vuorten ir vrouwen hin.
    die ritter in dem palas
beliben, der wol gekerzet was,
die harte liehte brunnen.

        dô wart mit zuht begunnen
15 gereitschaft gein dem grâle.
        den truoc man zallem mâle
        der diet niht durch schouwen vür,
        niht wan ze hôchgezîte kür,
        durch daz si trôstes wânden.
20 dô si sich vreuden ânden
        sâbents um daz bluotege sper,
        dô wart der grâl durch helfe ger
        vür getragen an der selben zît:
        Parzivâl si liez in sorgen sît.
25 mit vreude er wirt nû vür getragen:
        ir sorge ist under gar geslagen.
           dô diu künegîn ir reisegewant
        abe gezôch und sich gebant,
        si kom, als ez ir wol gezam.
30 Feirefîz an einer tür si nam.
808   nû, diz was et âne strît,
        daz hôrte oder spræche ze keiner zît
        iemen von schœnerm wîbe.
        si truoc ouch an ir lîbe
 5 phellel, den ein künstec hant
        worhte, als in Sârant
        mit grôzem liste erdâhte ê
        in der stat ze Tasmê.
        Feirefîz Anschevîn
10 si brâhte, diu gap liehten schîn.
        mitten durch den palas
        driu grôziu viur gemachet was,
        lignâlôê des viurs smac.
        vierzec teppeche und gesitze mêr dâ lac
15 denne zeiner zît, dô Parzivâl
        ouch dâ vür sach tragen den grâl.
        ein gesiz vor ûz gehêret was,
        dâ Feirefîz und Amfortas
        bî dem wirte solde sitzen.
20 dô warp mit zühte witzen,
        swer dâ dienen wolde,
        sô der grâl komen solde.

    ir habet gehôrt ê des genuoc,
    wie man in vür Amfortasen truoc:
25 dem siht man nû gelîche tuon
    vür des werden Gahmuretes sun
    und ouch vür Tampenteires kint.
    juncvrouwen nû niht langer sint:
    ordenlîch si kômen über al,
30 vünf und zweinzec an der zal.

809   der êrsten blic den heiden klâr
    dûhte und reideloht ir hâr,
    die andern schœner aber dâ nâch,
    die er dô schierest komen sach,
5 und ir aller kleider tiure.
    süeze minneclîch gehiure
    was al der megede antlitze gar.
    nâch in allen kom diu lieht gevar
    Repanse de Schoie, ein maget.
10 sich liez der grâl, ist mir gesaget,
    die selben tragen eine
    und anders enkeine.
    ir herzen was vil kiusche bî,
    ir vel des blickes flôrî.
15   sage ich des dienstes urhap,
    wie vil kamerære dâ wazzer gap
    und waz man taveln vür si truoc,
    mêr, denne ichs iu ê gewuoc,
    wie unvuoge den palas vlôch,
20 waz man dâ karrâschen zôch
    mit tiuren goltvazzen
    und wie die ritter sâzen,
    daz würde ein alze langez spel:
    ich wil der kürze wesen snel.
25 mit zuht man vor dem grâle nam
    spîse wilt unde zam,
    disem den mete und dem den wîn,
    als ez ir site wolde sîn,
    môraz, sinôpel, klâret.
30 fil li roi Gahmuret

810   Pelrapeire al anders vant,

dô si im zem êrsten wart erkant.
  der heiden vrâcte mære,
wâ von diu goltvaz lære
5 vor der taveln würden vol.
daz wunder im tet ze sehene wol.
dô sprach der klâre Amfortas,
der im ze gesellen gegeben was:
'herre, seht ir vor iu ligen den grâl?'
10 dô sprach der heiden vêch gemâl:
'ich ensihe niht wan ein achmardî:
daz truoc mîn juncvrouwe uns bî,
diu dort vor uns mit krône stêt.
ir blic mir inz herze gêt.
15 ich wânde, sô starc wære mîn lîp,
daz iemêr maget oder wîp
mir vreuden kraft benæme.
mirst worden widerzæme,
ob ich ie werde minne emphienc.
20 unzuht mir zuht undervienc,
daz ich iu künde mîne nôt,
sît ich iu dienest nie gebôt.
waz hilfet al mîn rîcheit
und swaz ich ie durch wîp gestreit
25 und ob mîn hant iht hât vergeben,
muoz ich sus pîneclîche leben?
ein kreftec got Jûpiter,
waz woldestû mîn zunsenfte her?'
  minnen kraft mit vreuden krenke
30 vrumte in bleich an sîner blenke.
811 Kondwîrâmûrs diu lieht erkant
vil nâch nû ebenhiuze vant
an der klâren megede velles blic.
dô slôz sich in ir minnen stric
5 Feirefîz der rîche gast.
sîner êrsten vriuntschaft im gebrast
mit vergezzenlîchem willen.
waz half dô Sekundillen
ir minne, ir lant Tribalibôt?
10 im gap ein maget sô strenge nôt:

Klauditte und Olimpjâ,
Sekundille und wîten anderswâ,
dâ wîp im dienstes lônden
und sînes prîses schônden,
15 Gahmuretes sun von Zazamanc
den dûhte ir aller minne kranc.
    dô sach der klâre Amfortas,
daz sîn geselle in pînen was,
des blankiu mâl gar wurden bleich,
20 sô daz im hôher muot gesweich.
dô sprach er: 'herre, diu swester mîn,
mirst leit, ob iuch diu lêret pîn,
den noch niemen durch si erleit.
nie ritter in ir dienst gereit:
25 dô nam ouch niemen lôn dâ zir.
si was mit jâmer grôz bî mir.
daz krenket ouch ir varwe ein teil,
daz man si sach sô selten geil.
iuwer bruoder ist ir swester sun:
30 der mac iu dâ wol helfe tuon.'
812   'sol diu maget iuwer swester sîn,'
sprach Feirefîz Anschevîn,
'diu die krône ûf blôzem hâre dort hât,
sô gebet mir um ir minne rât:
5 nâch ir ist al mîns herzen ger.
ob ich prîs erwarp ie mit sper,
wan wære daz gar durch si geschehen
und wolde si danne ir lônes jehen!
vünf stiche mac turnieren hân,
10 die sint mit mîner hant getân:
einer ist zem puneiz,
ze triviers ich den andern weiz,
der dritte ist ze muoten,
ze rehter tjost den guoten
15 hurteclîch ich hân geriten
und den zer volge ouch niht vermiten,
sît der schilt von êrste wart mîn dach.
hiute ist mîn hœste ungemach.
ich stach vor Agremuntîn

20 gein einem ritter viurîn:
wan mîn kursît salamander,
aspindê mîn schilt der ander,
ich wære verbrunnen von der tjost.
swâ ich holte ie prîs ûf slîbes kost,
25 ouwî, hete si mich gesendet dar,
iuwer swester minneclîch gevar,
ich wære gein strîte noch ir bote.
Jûpitern mînem gote
wil ich immer hazzen tragen,
30 er enwende mir diz starke klagen.'
813 ir beider vater hiez Frimutel:
gelîch antlitze und gelîchez vel
Amfortas bî sîner swester truoc.
der heiden sach an si genuoc
5 und aber wider dicke an in.
swie vil man her oder hin
spîse truoc, sîn munt ir doch niht az:
ezzen er doch gelîche saz.
Amfortas sprach ze Parzivâl:
10 'herre, iuwer bruoder hât den grâl,
des ich wæne, noch niht gesehen.'
Feirefîz begunde dem wirte jehen,
daz er des grâls niht sæhe.
daz dûhte al die ritter spæhe.
15 diz mære ouch Titurel vernam.
der alte betterise lam
der sprach: 'ist ez ein heidensch man,
sô darf er des niht willen hân,
daz sîn ougen âne stoufes kraft
20 bejagen die geselleschaft,
daz si den grâl beschouwen:
dâst hâmît vür gehouwen.'
daz enbôt er ûf den palas.
dô sprach der wirt und Amfortas,
25 daz Feirefîz næme war,
wes al daz volc lebete gar,
dâ wære ein ieslîch heiden
mit sehene von gescheiden.

si wurben, daz er næme den touf
30 und endelôsen gewinnes kouf.
814 'ob ich durch iuch gein toufe kum,
ist mir der touf ze minnen vrum?'
sprach der heiden, Gahmuretes kint.
'ez was ie jenen her ein wint,
5 swaz mich strît oder minne twanc.
des sî kurz oder lanc,
daz mich êrst der schilt übervienc,
sît ich nie græzer nôt emphienc.
durch zuht solde ich minne heln:
10 nû enmac irz herze niht versteln.'
    'wen meinestû?' sprach Parzivâl.
'et jene maget lieht gemâl,
mîns gesellen swester hie.
wiltû mir helfen umme sie,
15 ich tuon ir rîcheit bekant,
sô daz ir dienent wîtiu lant.'
'wiltû dich toufes lâzen wern,'
sprach der wirt, 'sô mahtû ir minne gern.
ich mac nû wol duzen dich:
20 unser rîchtuom nâch gelîchet sich,
mînhalp von sgrâles krefte.'
'hilf mir geselleschefte,'
sprach Feirefîz Anschevîn,
'bruoder, um die muomen dîn.
25 holt man den touf mit strîte?
dar schaffe mich bezîte
und lâz mich dienen um ir lôn.
ich hôrte ie gerne solhen dôn,
dâ von tjoste sprîzen sprungen
30 und dâ swert ûf helmen klungen.'
815 der wirt des lachte sêre
und Amfortas noch mêre.
'kanstû sus touf emphâhen?'
sprach der wirt. 'ich wil si nâhen
5 durch rehten touf in dîn gebot.
Jûpitern dînen got
muostû durch si verliesen

und Sekundillen verkiesen.
morgen vruo gibe ich dir rât,
10 der vuoge an dînem gewerbe hât.’
Amfortas vor siecheit zît
sînen prîs gemachet hête wît
mit ritterschaft durch minne.
an sînes herzen sinne
15 was güete unde miltekeit.
sîn hant ouch manegen prîs erstreit.
dâ sâzen dem grâle bî
der aller besten ritter drî,
die dô der schilte phlâgen,
20 wande si getorstenz wâgen.
    welt ir, si haben dâ gâz genuoc.
mit zuht man von in allen truoc
taveln, tischlachen.
mit dienestlîchen sachen
25 nigen al diu juncvrouwelîn.
Feirefîz Anschevîn
sach si von im kêren.
daz begunde im trûren mêren:
sîns herzen slôz truoc dan den grâl.
30 urloup gap in Parzivâl.
816 wie diu wirtîn selbe dan gegienc
und wie manz dâ nâch ane gevienc,
daz man sîn wol mit betten phlac,
der doch durch minne unsanfte lac,
5 wie al der templeise diet
mit senfte unsenfte von in schiet,
dâ von würde ein langiu sage.
    ich wil iu künden von dem tage.
dô der des morgens vruo erschein,
10 Parzivâl wart des enein
und Amfortas der guote,
mit endehaftem muote
si bâten den von Zazamanc
komen, den diu minne twanc,
15 in den tempel vür den grâl.
er gebôt ouch an dem selben mâl

dem wîsen templeise dar.
sarjande, ritter grôziu schar
dâ stuont. nû gienc der heiden în.
20 der toufnaph was ein rubîn,
von jaspes ein grêde sinewel,
dar ûf er stuont: Titurel
hete in mit koste erziuget sô.
Parzivâl ze sînem bruoder dô
25 sprach: 'wiltû die muomen mîn
haben, al die gote dîn
muostû durch si versprechen
und immer gerne rechen
den widersaz des hœsten gotes
30 und mit triuwen schônen sîns gebotes.'
817 'swâ von ich sol die maget hân,'
sprach der heiden, 'daz wirt gar getân,
mit triuwen an mir erzeiget.'
der toufnaph wart geneiget
5 ein wênec gein dem grâle.
vol wazzers an dem mâle
wart er, ze warm noch ze kalt.
dâ stuont ein grâwer priester alt,
der ûz heidenschaft manec kindelîn
10 ouch gestôzen hête drîn.
der sprach: 'ir sult gelouben,
iuwer sêle den tiuvel rouben,
an den hœsten got al eine.
des drîvalt ist gemeine
15 und al gelîche gurbort,
got ist mensche und sîns vater wort.
sît er ist vater unde kint,
die al gelîche gêret sint,
ebenhêre sînem geiste,
20 mit der drîer volleiste
wert iu diz wazzer heidenschaft.
mit der trînitâte kraft
im wazzer er ze toufe gienc,
von dem Adâm antlitze emphienc.
25 von wazzer boume sint gesaft.

wazzer vrühtet al die geschaft,
der man vür krêatûre giht.
mit dem wazzer man gesiht.
wazzer gît maneger sêle schîn,
30 daz die engel niht liehter dorften sîn.'
818 Feirefîz zem priester sprach:
'ist ez mir guot vür ungemach,
ich geloube, swes ir gebietet.
ob mich ir minne mietet,
5 sô leiste ich gerne sîn gebot.
bruoder, hât dîn muome got,
an den geloube ich und an sie
(sô grôze nôt emphienc ich nie):
al mîne gote sint verkorn.
10 Sekundille habe ouch verlorn,
swaz si an mir ie gêrte sich.
durch dîner muomen got heiz toufen mich.'
man begunde sîn kristenlîche phlegen
und sprach ob im den toufes segen.
15 dô der heiden touf emphienc
und diu westerlege ergienc,
des er unsanfte erbeite,
der maget man in bereite:
man gap im Frimutels kint.
20 an den grâl was er ze sehene blint,
ê der touf hete in bedecket:
sît wart im vor enblecket
der grâl mit gesihte.
  nâch der toufe geschihte
25 am grâle man geschriben vant,
swelhen templeis diu gotes hant
gæbe ze herren vremder diete,
daz er vrâgen widerriete
sîns namen oder sîns geslehtes
30 und daz er in hülfe rehtes.
819 sô diu vrâge wirt gein im getân,
sô mugen sis niht langer hân.
durch daz der süeze Amfortas
sô lange in sûren pînen was

5 und in diu vrâge lange meit,
inst immer mêr nû vrâgen leit.
al des grâles phlihtgesellen
von in vrâgens niht enwellen.
   der getoufte Feirefîz
10 an sînen swâger legete vlîz
mit bete dan ze varne
und nimmer niht ze sparne
vor im al sîner rîchen habe.
   dô leite in mit zühten abe
15 Amfortas von dem gewerbe.
'ich enwil niht, daz verderbe
gein gote mîn dienestlîcher muot.
des grâles krône ist alsô guot:
die hât mir hôchvart verlorn.
20 nû hân ich diemuot mir erkorn.
rîcheit und wîbe minne
sich verret von mînem sinne.
ir vüeret hinnen ein edel wîp:
diu gît ze dienste iu kiuschen lîp
25 mit guoten wîplîchen siten.
mîn orden wirt hie niht vermiten:
ich wil vil tjoste rîten,
in sgrâles dienste strîten.
durch wîp gestrîte ich nimmer mêr.
30 ein wîp gap mir herzesêr,
820   iedoch ist immer al mîn haz
gein wîben volleclîche laz:
hôch manlîch vreude kumt von in,
swie kleine dâ wære mîn gewin.'
  5   Amfortasen bat dô sêre
durch sîner swester êre
Feirefîz der dannenverte:
mit versagen er sich werte.
   Feirefîz Anschevîn
10 warp, daz Loherangrîn
mit im dannen solde varn.
sîn muoter kunde daz wol bewarn.
ouch sprach der künec Parzivâl:

'mîn sun ist gordent ûf den grâl:
15 dar muoz er dienstlîch herze tragen,
læt in got rehten sin bejagen.'
vreude und kurzewîle phlac
Feirefîz aldâ den eilften tac:
an dem zwelften schiet er dan.
20 gein sînem her der rîche man
sîn wîp wolde vüeren.
des begunde ein trûren rüeren
Parzivâlen durch triuwe:
diu reise in lêrte riuwe.
25 mit den sînen er sich beriet,
daz er von rittern grôze diet
mit im sande vür den walt.
Amfortas der süeze degen balt
mit im durch kondewieren reit.
30 manec maget dâ weinen niht vermeit.

821   si muosten machen niuwe slâ
ûz gegen Karkobrâ.
dar enbôt der süeze Amfortas
dem, der dâ burcgrâve was,
5 daz er wære des gemant,
ob er ie von sîner hant
emphienge gâbe rîche,
daz er nû dienestlîche
sîne triuwe an im geprîste
10 und im sînen swâger wîste
'und des wîp, die swester mîn,
durchz fôreht Leprisîn
in die wilden habe wît.'
nû was ez ouch urloubes zît:
15 si ensolden dô niht vürbaz komen.
Kundrîe la surziere wart genomen
ze dirre botschefte dan.
urloup zuo dem rîchen man
nâmen al die templeise.
20 hin reit der kurteise.
der burcgrâve dô niht liez,
swaz in Kundrîe leisten hiez.

Feirefîz der rîche
wart dô ritterlîche
25 mit grôzer vuore emphangen.
in dorfte dâ niht erlangen:
man vuorte in vürbaz schiere.
mit wérdem kondewiere
ich enweiz, wie manec lant er reit,
30 unz ze Jôflanze ûf dem anger breit

822　　　liute ein teil si vunden.
an den selben stunden
Feirefîz vrâcte mære,
war daz her komen wære.
5 ieslîcher was in sîn lant,
dar im diu reise was bekant:
Artûs was gein Schamilôt.
der von Tribalibôt
kunde an den selben zîten
10 gein sînem her wol rîten.
daz lac al trûrec in der habe,
daz ir herre was gescheiden drabe.
sîn kunft dâ manegem ritter guot
brâhte niuwen hôhen muot.
15 der burcgrâve von Karkobrâ
und al die sîne wurden dâ
mit rîcher gâbe heim gesant.
　　Kundrîe dâ grôziu mære bevant:
boten wâren nâch dem her komen,
20 Sekundillen hete der tôt genomen.
Repanse de Schoie dô
mohte alrêst ir verte wesen vrô.
diu gebar sît in Indîân
einen sun, der hiez Jôhan.
25 priester Jôhan man den hiez:
immer sît die künege man dâ liez
bî dem namen belîben.
Feirefîz hiez schrîben
zIndîâ über al daz lant,
30 wie kristen leben wart erkant:

823　　　daz was ê niht sô kreftec dâ.

wir heizenz hie Indîâ:
dort heizet ez Tribalibôt.
Feirefîz bî Kundrîen enbôt
5 sînem bruoder ûf Munsalvæsche wider,
wiez im was ergangen sider,
daz Sekundille verscheiden was.
des vreute sich dô Amfortas,
daz sîn swester âne strît
10 was vrouwe über manegiu lant sô wît.
    diu rehten mære iu komen sint
um diu vünf Frimutels kint,
daz diu mit güeten wurben
und wie ir zwei ersturben:
15 daz eine was Schoisîâne,
vor gote diu valsches âne,
diu ander Herzeloide hiez,
diu valscheit ûz ir herzen stiez.
sîn swert und ritterlîchez leben
20 hete Trevrezent ergeben
an die süezen gotes minne
und nâch endelôsem gewinne
der werde klâre Amfortas
manlîch bî kiuschem herzen was.
25 ordenlîche er manege tjoste reit,
durch den grâl, niht durch diu wîp er streit.
Loherangrîn wuohs manlîch starc.
diu zageheit sich an im barc,
dô er sich ritterschaft versan.
30 in sgrâles dienste er prîs gewan.
824   welt ir nû hœren vürbaz?
sît über lant ein vrouwe saz,
vor aller valscheit bewart.
rîcheit und hôher art
5 ûf si beidiu gerbet wâren.
si kunde alsô gebâren,
daz si mit rehter kiusche warp:
al menneschlîch gir an ir verdarp.
werder liute warp um si genuoc,
10 der etslîcher krône truoc,

und manec vürste ir genôz:
ir diemuot was sô grôz,
daz si sich dran niht wande.
vil grâven von ir lande
15 begundenz an si hazzen,
wes si sich wolde lazzen,
daz si einen man niht næme,
der ir ze herren zæme.
si hete sich gar an got verlân,
20 swaz zornes wart gein ir getân:
unschulde maneger an si rach.
einen hof si ir landes herren sprach.
manec bote ûz verrem lande vuor
hin zir: die man si gar verswuor,
25 wan den si got bewîste,
des minne si gerne prîste.
si was vürstîn in Brâbant.
    von Munsalvæsche wart gesant
der, den der swane brâhte
30 und des ir got gedâhte.
825 zAntwerp wart er ûz gezogen.
si was an im vil unbetrogen:
er kunde wol gebâren.
man muoste in vür den klâren
5 und vür den manlîchen
haben in al den rîchen,
swâ man sîn künde ie gewan.
hövesch, mit zühten wîs ein man,
mit triuwen milte, âne âderstôz
10 was sîn lîp missewende blôz.
des landes vrouwe in schône emphienc.
nû hœret, wie sîn rede ergienc.
rîche und arme ez hôrten,
die dâ stuonden an allen orten.
15 dô sprach er: ʻvrouwe herzogîn,
sol ich hie landes herre sîn,
dar um lâze ich alsô vil.
nû hœret, wes ich iuch biten wil:
gevrâget nimmer, wer ich sî.

20 sô mac ich iu belîben bî.
  bin ich ziuwer vrâge erkorn,
  sô habet ir minne an mir verlorn.
  ob ir niht sît gewarnet des,
  sô warnt mich got, er weiz wol wes.'
25 si sazte wîbes sicherheit,
  diu sît durch liebe wenken leit,
  si wolde ze sînem gebote stên
  unde nimmer übergên,
  swaz er si leisten hieze,
30 ob si got bî sinne lieze.

826   die naht sîn lîp ir minne emphant.
  dô wart er vürste in Brâbant:
  diu hôchgezît rîlîche ergienc.
  manec herre von sîner hende emphienc
5 ir lêhen, die daz solden hân.
  guot rihtære wart der selbe man.
  er tet ouch dicke ritterschaft,
  daz er den prîs behielt mit kraft.
  si gewunnen samt schœniu kint.
10 vil liute in Brâbant noch sint,
  die wol wizzen von in beiden,
  ir emphâhen, sîn dan scheiden,
  daz in ir vrâge dan vertreip
  und wie lange er dâ beleip.
15 er schiet ouch ungerne dane.
  nû brâhte im aber sîn vriunt, der swane,
  ein kleine gevüege seitiez.
  sîns kleinœtes er dâ liez
  ein swert, ein horn, ein vingerlîn.
20 hin vuor Loherangrîn.
  welle wir dem mære rehte tuon,
  sô was er Parzivâles sun.
  der vuor wazzer unde wege
  unz wider in des grâles phlege.
25 durch waz verlôs daz guote wîp
  werdes vriundes minneclîchen lîp?
  er widerriet ir vrâgen ê,
  dô er vür si gienc von dem sê.

hie solde Êrec nû sprechen:
30 der kunde mit rede sich rechen.

827   Ob von Troies meister Kristjân
disem mære hât unreht getân,
daz mac wol zürnen Kîôt.
der uns diu rehten mære enbôt,
5 endehaft giht der Provenzâl,
wie Herzeloiden kint den grâl
erwarp, als im daz gordent was,
dô in verworhte Amfortas.
von Provenze in tiuschiu lant
10 diu rehten mære uns sint gesant
und dirre âventiure endes zil.
niht mêr dâ von nû sprechen wil
ich Wolfram von Eschenbach,
wan als dort der meister sprach.
15 sîniu kint, sîn hôch geslehte
hân ich iu benennet rehte,
Parzivâles, den ich hân brâht,
dar sîn doch sælde hete erdâht.
    swes leben sich sô verendet,
20 daz got niht wirt gephendet
der sêle durch slîbes schulde,
und der doch der werlde hulde
behalden kan mit werdekeit,
daz ist ein nütziu arbeit.
25 guotiu wîp, hânt die sin,
deste werder ich in bin,
ob mir deheiniu guotes gan.
sît ich diz mære volsprochen hân,
ist daz durch ein wîp geschehen,
30 diu muoz mir süezer worte jehen.

◄ ◆ ►

Druck von Ehrhardt Karras, Halle a. S.